U0910094

图书在版编目（CIP）数据

与农村基层干部谈心／中共山西省委组织部编．—太原：山西人民出版社，2014.3
ISBN 978－7－203－08468－6

Ⅰ．①与…　Ⅱ．①中…　Ⅲ．①农村－基层干部－干部教育－中国　Ⅳ．①F 325.4

中国版本图书馆 CIP 数据核字（2014）第 034365 号

与农村基层干部谈心

编　　者：中共山西省委组织部
责任编辑：秦继华　高　雷
装帧设计：谢　成
插　　图：王　峰

出 版 者：山西出版传媒集团·山西人民出版社
地　　址：太原市建设南路 21 号
邮　　编：030012
发行营销：0351－4922220　4955996　4956039
0351－4922127（传真）　4956038（邮购）
E－mail：sxskcb@163.com　发行部
sxskcb@126.com　总编室
网　　址：www.sxskcb.com

经 销 者：山西出版传媒集团·山西人民出版社
承 印 者：山西出版传媒集团·山西新华印业有限公司

开　　本：890mm×1240mm　1/32
印　　张：6.5
字　　数：140 千字
印　　数：1－100 000 册
版　　次：2014 年 3 月第 1 版
印　　次：2014 年 3 月第 1 次印刷
书　　号：ISBN 978－7－203－08468－6
定　　价：12.00 元

争做组织放心
群众满意的基层党员干部

袁纯清

党的十八大以来，以习近平同志为总书记的党中央提出了一系列新思想、新观点、新论断、新要求，全面揭示了中华民族的历史命运和当代中国的发展战略，深刻阐述了新形势下党的治国理政方略、内政外交政策，科学描绘了党和国家走向未来的宏伟图景，为坚持和发展中国特色社会主义注入了新的内涵，充分体现了中国特色社会主义重大思想理论成果的最新进展。全省各级党员干部必须学习好、把握好、落实好这些新要求，切实把思想和行动统一到党中央的精神和部署上来。

山西省作为欠发达的中部资源型省份，主要的发展差距在农村，更重的发展任务在农村。做不好“三农”的文章，解决不好农民增收的问题，即使工业化、城市化上去了，最终也难以做到强省、强市、强县和富民的统一，难以完成全面建成小康社会的各项任务。近年来，省委、省政府针对山西农村经济社会发展实际，提出了“农业现代化”的发展思路，要求统筹城乡发展，着力形成“一村一品”“一县一业”的现代产业发展格局，全面推进两轮“五个全覆盖”，出台了一系列支农惠农措施，在“三农”建设方面取得了长足的进步。但是我们也必须清醒地看到，当前农业还是山西省“四化同步”的弱项，农村还是全面建成小康社会的短板。

农村基层党组织是党在农村全部工作和战斗力的基础。深入贯彻落实十八大以来党中央的一系列战略部署，全面推进山西的农业现代化，需要充分发挥农村基层党组织的战斗堡垒作用和党员的先锋模范作用。2014年是深入贯彻党的十八届三中全会精神、中央城镇化和农村工作会议精神的关键之年，是全面提升基层组织建设水平、加快农村改革发展步伐的重要之年，为了帮助广大农村党员干部了解当前的形势与政策，理清今后的工作思路，山西省委组织部组织有关人员编写了《与农村基层干部谈心》一书。这本书集理论性、实践性于一体，内容丰富、语言通俗，是一本适合农村基层党员干部学习借鉴的辅导读物。借此机会，我也向奋战在农村第一线的广大党员干部提几点希望，与大家共勉。

一要加强学习，深刻理解、准确把握新时期党对农村工作的思路和部署。当前农村发展任务艰巨、工作千头万绪，既有把中央、省委的决策部署和本地实际情况结合起来创造性地谋发展、促发展的艰巨任务，也有走东家串西家，解决邻里纠纷、家庭不和的琐碎工作。可以说，当好一名合格的农村基层党员干部并不容易，很多基层党员干部也的确存在“本领恐慌”的问题。解决“本领恐慌”，没有任何的捷径可走，只有不断学习。习近平总书记指出：“好学才能上进。”基层党员干部要把学习看作提高本领、做好工作的途径，从而树立起对学习的一种热爱和习惯，在学习中长知识，在学习中长本事，在学习中找解决问题的办法。当前，尤其要深入学习十八大以来习近平总书记系列重要讲话精神，努力把中央的宏观思路转化为具体的工作实践。

二要转变作风，努力成为群众拥护、为民务实清廉的好党员、好干部。基层党员干部与基层群众朝夕相处，你们的作风状况群众都看在眼里、记在心里。你们的作风好，人民群众就拥护，基层党组织就有战斗力；你们作风不好，人民群众就会反感，基层党组织也必然软弱涣散。中央和省委已对第二批党的群众路线教育实践活动作出全面部署，大家要全面落实“照镜子、正衣冠、洗洗澡、治治病”的总要求，不搞形式、不走过场，着力解决形式主义、官僚主义、享乐主义和奢靡之风方面存在的突出问题，对作风之弊、行为之垢进行大排查、大检修、大扫除。要通过这次群众路线教育实践活动，进一步增强宗旨意识和群众观点，进一步改进工作作风，进一步提高服务群众能力和水平，进一步密切联系群众，进一步树立为民务实清廉的好形象。

三要推动发展，勇做引领群众致富的“领头雁”。“农村富不富，关键在支部”“支部行不行，关键看干部”。基层党员干部的先锋模范作用既体现在遵守党纪国法、伦理道德上，更体现在推动发展、引领群众致富上。大家要增强责任意识，把带领群众致富作为自己履职尽责的重点内容，忧百姓之忧、想百姓所想、做百姓所盼，围绕如何让老百姓过上好日子出主意、想办法。当前最现实的办法，就是利用当地的条件和优势，宜种则种，宜养则养，发展特色农业，发展“一村一品”。要特别注意把农民组织起来，通过组织农业合作社、发展种养大户、引进农业龙头企业等办法，发展适度规模农业产业，让农民能得到更多的收入，富裕起来。总之，村里的党支部、村委会，村里的党员干部，要“干”字当头，以实实在在的工作成效让群众满意、让组织放心。

农村基层党员干部生活、工作在第一线，既要参加生产，还要领导农村发展，条件比较艰苦，工作非常辛苦，同时存在很多现实的困难和问题。希望各级党委、政府要多关心支持农村基层党员干部，要逐步提高农村基层干部待遇、保障工作经费，为农村基层干部更好地工作创造条件，解决好他们的后顾之忧，使农村基层党员干部生活有保障、工作有劲头。

目　录

楔 子

年关岁首，春意初现。

大江南北、长城内外，都笼罩着一股浓浓的年意。辛辛苦苦地劳作一年，终于可以歇歇了；外出务工、上学的游子远途归来，终于可以全家团聚了。大人们杀猪、蒸馍、打扫着卫生，小孩们嬉戏、打闹、盼望着新衣。“有钱没钱，回家过年”，家家户户、老老少少都沉浸在准备过年的忙碌和喜悦中。

但是村干部们还没有歇下来，尤其是村里的支部书记老王，心里藏着好多的困惑：习近平总书记提出的“中国梦”是什么意思呢？应该怎么和老百姓说清楚呢？十八届三中全会针对农村提出了好多新措施，怎么理解、怎么贯彻呢？党的群众路线教育实践活动开始了，但具体应该怎么抓呢？一系列的问题困扰着他。

就在这个时候，上级政策研究部门负责人刘主任踏着厚厚的积雪到下乡驻村联系点访贫问寒、深入调研。

晚上，在王支书的家里，灯火通明，暖意融融。

刘主任和王支书围绕农民们普遍关心的问题进行了深入的对话交流。

刘主任：王支书您好，最近您又在琢磨什么带领老百姓致富的新招数呢？

王支书：咱还能有什么新招数啊，有时候感觉都跟不上形势了。

刘主任：这话从何说起！是不是对有些理论、有些政策不太了解啊？

王支书：是啊！十八大以来，以习近平同志为总书记的党中央提出了一系列的新思想、新论断，我越看心里越敞亮、越看越觉得有信心。可是，我是茶壶里煮饺子，说不出来、道不明白。好多老百姓让我给大家解释解释、介绍介绍，我就说不清楚。正好您来了，我就跟您讨教讨教吧！

刘主任：好啊！不过我也不一定能说好，咱们就正好利用我在村里的这几天共同探讨吧！

王支书：您这真是“口传心授讲解党的政策，访贫问寒传递组织的温暖”。

刘主任：哈哈！横批“真心为民”。

……

第一章·谈一谈十八届三中全会对农村工作的新要求

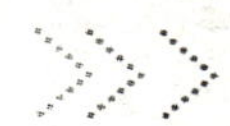

一、用实干精神托起中华民族伟大复兴的“中国梦”

王支书：这些日子，大家都在谈论“中国梦”，电视上讲、报纸上讲、收音机里也讲，那么到底什么是“中国梦”呢？

刘主任：是啊！“中国梦”是十八大以来的一个热词，全世界都在讨论。我们的“中国梦”，就是要实现国家富强、民族振兴、人民幸福。习近平总书记指出：“每个人都有理想和追求，都有自己的梦想。现在，大家都在讨论‘中国梦’，我以为，实现中华民族伟大复兴，就是中华民族近代以来最伟大的梦想。”

王支书：原来是这样，那么“中国梦”为什么是民族复兴的梦呢？

刘主任：实现复兴，并不是所有民族都会提出的课题。只有自身文明曾经繁荣兴盛过的民族，才有条件、有资格提出复兴的目标。如果过去不曾辉煌过，何来复兴可言？进而，只有自觉把握并勇于担负起复兴重任的民族，才会提出这样的目标。纵观人类社会历史，在经历从领先到落后的落差后，有的民族从此走向衰落，并进而消亡，酿成了历史悲剧。但是，一个真正伟大的民族绝不会就此沉沦，而是从苦难中觉醒。毫无疑问，中华民族就是这样的伟大民族。

小贴士

2012年11月29日，习近平在国家博物馆参观《复兴之路》展览时发表重要讲话，他指出："每个人都有理想和追求，都有自己的梦想。现在，大家都在讨论中国梦，我以为，实现中华民族伟大复兴，就是中华民族近代以来最伟大的梦想。这个梦想，凝聚了几代中国人的夙愿，体现了中华民族和中国人民的整体利益，是每一个中华儿女的共同期盼。历史告诉我们，每个人的前途命运都与国家和民族的前途命运紧密相连。国家好，民族好，大家才会好。实现中华民族伟大复兴是一项光荣而艰巨的事业，需要一代又一代中国人共同为之努力。空谈误国，实干兴邦。我们这一代共产党人一定要承前启后、继往开来，把我们的党建设好，团结全体中华儿女把我们国家建设好，把我们民族发展好，继续朝着中华民族伟大复兴的目标奋勇前进。"最后他强调："我坚信，到中国共产党成立100年时全面建成小康社会的目标一定能实现，到新中国成立100年时建成富强民主文明和谐的社会主义现代化国家的目标一定能实现，中华民族伟大复兴的梦想一定能实现。"

王支书：您的意思是说，是由于我们老祖宗创造的辉煌历史和近代以来的帝国主义欺负我们的苦难历史，我们才提出了中华民族的复兴之梦。

刘主任：是啊！中国的历史文化源远流长。在漫长的历史进程中，中华民族曾经长时期走在世界前列，对人类文明发展作出了不可磨灭的重大贡献。而且，中国一度是世界上最重要、最强盛的国家之一。到了清朝的康熙、乾隆时期，中国的经济总量依然占据了全世界的三分之一。

王支书：我记得历史书上说，中国的造纸术、指南针、火药、活字印刷术等四大发明，不仅对中国古代的政治、经济、文化的发展产生了巨大的推动作用，而且这些发明经由各种途径传至西方，对世界文明发展史也产生了很大的影响。

刘主任：但是，中国延续2000多年的封建社会在清末逐步走向衰落，在前所未有的世界大变局中，中国开始落后于新兴的资本主义国家，这就导致在近代以来中华民族屡遭屈辱、磨难。在鸦片战争以后，西方侵略者一次次发动对华战争，迫使中国腐败无能的封建统治者一次次妥协就范，把中华民族一步步推入苦难的深渊。1900年，八国联军凭借火枪利炮攻占了北京，中华民族带着深重的耻辱跨入了20世纪……从1931年日本帝国主义蓄意发动震惊中外的九一八事变开始，到1937年7月7日日本悍然发动全面侵华战争，给中华民族造成了巨大的劫难。

王支书：我们村就有日本军队来过，杀人、烧房子、抢粮食。

我年轻时候，常听老辈人讲起那些事情！

刘主任：那时候，世界上几乎所有资本主义、帝国主义强国都参与了对中国的侵略和掠夺，一个个丧权辱国的不平等条约把国土分割出去，一次次战争赔款等于用本国的真金白银为侵略者的国家支付战争费用。那时候，中国人被视为“东亚病夫”，中国人自己的土地上被外国列强挂上“华人与狗不得入内”的警示牌，外国租界享有治外法权，外国军队火烧圆明园、洗劫中国文化珍宝，外国传教士欺男霸女、鱼肉乡里……在帝国主义列强的侵略压迫和奴役掠夺下，中国逐渐变成了一个受列强欺辱、国家积贫积弱、人民饥寒交迫、面临亡国灭种威胁的半殖民地半封建的国家，中国人民和中华民族承受着封建专制主义和帝国主义的双重压迫。

王支书：想想过去的历史，那个时候中国人该有多悲惨！自己的国家、自己的土地，自己却做不了主，反而任由别人欺负！人家打了我们，我们还得给人家赔款。那个时候的中国人就没有想过办法吗？就心甘情愿地那么活着？我们就没有抗争吗？

刘主任：从1840年到中国共产党诞生之前，中华民族不懈探寻着实现民族复兴的道路。在经历一次又一次失败后，中国共产党的成立才让中华民族走上了实现民族复兴的康庄大道，中华民族有了正确的前进方向，中国人民有了强大的精神支柱，实现中华民族伟大复兴的梦想有了坚强的领导力量。在党的领导下，全国各族人民在民族复兴的道路上阔步前行，不断取得举世瞩目的伟大成就。在长达28年的反帝反封建斗争中，成功走出了一条新民主主义道路，结束了四分五裂、人民灾难深重的局面，建立了新中国。新中国成立后，尤其是改革开放以后，政治、经济、文化等各项事业不断巩固发展，中华民族以崭新的姿态屹立于世界东方。

王支书：没有共产党就没有新中国，没有共产党就没有强大的中国！但是每个人都有每个人的梦想，每个人因为生活环境不同而有不同的追求。比如，我现在的希望就是，父母亲身体健健康康的，儿子大学毕业以后能有个好工作！我这个梦和“中国梦”有什么关系呢？我的意思是想问，“中国梦”和咱们老百姓的生活有哪些直接的关系？

刘主任：“中国梦”和老百姓关系极大。一方面，没有国家富强、民族振兴，就不可能有每个老百姓的好日子；另一方面，只有让老百姓都过上幸福生活，才能算是“中国梦”的实现！比如说，咱们都希望父母身体健康，但怎么才能有个健康的身体呢？首先必须吃饱穿暖。但吃饱穿暖是需要条件的，没有经济社会的发展，不能生产出足够的产品，怎么才能让全中国的老百姓吃饱穿暖呢？其次必须有好的心情。那怎么才能有好的心情呢？如果社会动荡、外敌入侵，就像伊拉克、阿富汗等国家那样，我们怎么能有好的心情呢？这就需要我们将国家富强、民族振兴作为个人梦想实现的坚强后盾。所以，个人的小梦想和国家的大梦想是紧密关联的。

王支书：这么说，“中国梦”和普通老百姓的关系还是很紧密的！

刘主任：对啊，正是每个中国人的梦想才汇聚成了“中国梦”，“中国梦”能否实现直接关系到每个中国人的梦想能否实现。所以，“中国梦”是中华民族面对未来之梦，不仅是国家富强之梦，也是民族复兴之梦，而且是每个老百姓的自我实现、自我发展之梦。“中国梦”既是对鸦片战争以来的一百多年中华民族奋斗历史的概括，也是当下中国人对自己未来生活的期待。

王支书：是啊！经济发展了，社会安定了，孩子找工作也就容易了；医疗条件好了，父母也能健康长寿了。同样，老百姓都生活富足、安居乐业了，我们的“中国梦”也就实现了！

刘主任：所以，“中国梦”不是别人的梦，归根到底是咱们人民的梦！正如习近平总书记所言，“中国梦”意味着中国人民“共同享有人生出彩的机会，共同享有梦想成真的机会，共同享有同祖国和时代一起成长与进步的机会”。

王支书：看来，“中国梦”也是咱们农民的梦！

刘主任：农业、农村、农民问题，是直接关系到我们“中国梦”能否实现的大问题。近年来，在党中央的一系列惠民政策的推动下，我国农业生产得到很大发展、农村面貌得到很大改善、农民群众得到很大实惠，粮食产量实现“十连增”，农业综合生产能力迈上新台阶，农民增收有望实现“十连快”，可以说实现了历史性跨越，迎来了又一个黄金期。但从总体上看，我们的农业发展基础还不稳固，农村面貌整体还比较落后，农民还不富裕。就拿山西来看，2013年全省农民人均纯收入为7154元，但20%最低收入组的人均纯收入只有2283元，而且全省还有21个集中连片贫困县。所以说，我们的任务还十分艰巨。我们坚信在党的领导下，我们的农村必将呈现出布局合理、设施完善、环境优美、生活便利、安居乐业、文明和谐的新面貌。到那个时候，我们农民的梦想就实现了，我们的“中国梦”也就有了坚实的基础！

王支书：幸福不会从天降，社会主义等不来！实现“中国梦”不能只靠嘴说啊！梦想如此美好，可怎样才能实现呢？

刘主任：习近平总书记指出，实现“中国梦”必须走中国道路，也就是中国特色社会主义道路；实现“中国梦”必须弘扬中国精神，也就是以爱国主义为核心的民族精神，以改革创新为核心的时代精神；实现“中国梦”必须凝聚中国力量，也就是中国各族人民大团结的力量。“空谈误国，实干兴邦”，是习近平总书记对全党8500多万名党员和各级领导干部的警示和要求。

小贴士

党的十八大报告对中国特色社会主义道路有一个准确的概括，就是在中国共产党领导下，立足基本国情，以经济建设为中心，坚持四项基本原则，坚持改革开放，解放和发展社会生产力，建设社会主义市场经济、社会主义民主政治、社会主义先进文化、社会主义和谐社会、社会主义生态文明，促进人的全面发展，逐步实现全体人民共同富裕，建设富强民主文明和谐的社会主义现代化国家。

王支书：目标明确了，路子找对了，关键就是要靠“实干”！

刘主任：是啊！我们13亿中国人，靠什么实现“中国梦”？从根本上说就是要坚持“实干富民、实干兴邦”。实现“中国梦”要靠“实干”。走中国特色社会主义道路，贯彻落实党的理论、路线、方针和国家一切法律制度、政策、措施，归根到底靠“实干”。没有“实干”，写在纸上的东西无论多么美好动人，终究无法成为现实。

王支书：有句顺口溜说得好：“说一千，道一万，两横一竖是关键。”“两横一竖”就是“干”。我们要用实干精神全面建设小康社会、托起“中国梦”。

刘主任：对！“喊破嗓子不如甩开膀子”。事业是干成的，不是吹成的；局面是打开的，不是喊开的。实现“中国梦”，需要包括你我在内的每个人，干好自己的本职工作。如果我们每一个人都能在工作中干出成绩、在事业上作出贡献，努力成就梦想，“中国梦”的实现就有了坚实的基础、可靠的保障！

王支书：只要人人发挥实干精神，梦想就会离我们越来越近。

刘主任：祖国富强是我们的梦想，人民幸福是我们的向往。让我们扎扎实实、脚踏实地，用实干精神托起伟大的“中国梦”吧！

二、十八届三中全会给新农村建设吹来了东风

王支书：2013年11月12日，我们村党支部组织全村党员干部集中收看了十八届三中全会闭幕式，认真聆听了习近平总书记的重要讲话。随后几天，在村里的党员活动室等地方，十八届三中全会一直是大家热议的话题。大家都觉得，党的十八届三中全会召开，可是我们党和国家的一件大事啊。

刘主任：是啊。党的十八届三中全会是在我国改革开放新的重要关头召开的一次十分重要的会议，通过了《中共中央关于全面深化改革若干重大问题的决定》（以下简称《决定》），这是我们党和国家的一件大事。十八届三中全会的胜利召开，吹响了全面深化改革的号角，开启了我国改革开放新的征程，对于全面推进中国特色社会主义事业发展具有重大的现实意义和深远的影响。

王支书：我注意到，十八届三中全会通过的《决定》在很多地方都对深化农村改革进行了阐述，还专门部署和强调了健全城乡发展一体化体制机制。

刘主任：是的，农村改革是全面深化改革的重要组成部分。十八届三中全会对于深化农村改革作出了不少的新部署，对农村工作提出了很多的新要求，既坚持和发展了我们党关于“三农”工作的指导思想与政策理念，也回应了农民的期待、顺应了实践的

需要，对一些事关“三农”发展的重大问题提出了许多突破性、开创性的改革意见，必将对我国农村改革发展产生重大而深远的影响。

王支书：现在咱们农村群众最关心的还是十八届三中全会对农业、农村和农民有什么新政策、新部署。今天，我想就这些问题向您作一些请教。

刘主任：不敢说请教，咱们相互学习、相互启发吧。

王支书：刘主任，您能不能结合《决定》，谈一谈十八届三中全会在农村政策方面有哪些新的亮点？

刘主任：这个确实是咱们农民最关心的问题。从我个人的认识来看，《决定》中针对当前农村发展和农民最为关注的突出问题，在几个方面提出了新政策和新部署，也就是您说的亮点。第一个，就是咱们常说的“农地入市”。以前谈得很多，这一次在《决定》里得到了明确的说法。《决定》明确指出，“建立城乡统一的建设用地市场。在符合规划和用途管制前提下，允许农村集体经营性建设用地出让、租赁、入股，实行与国有土地同等入市、同权同价。”以前呢，只有国有性质的土地才能进入建设用地市场，而集体土地只有通过征收转化为国有性质才能进入市场，这就意味着农民没有处置权，也无法获得土地出让后的大部分增值收益。允许农村集体经营性建设用地直接入市，这对于农民的意义是不可估量的。虽然说根据法律规定，农村土地的所有权属于集体，但如果农民能够合法地以市场主体的身份直接参与谈判，以自己的意愿出让集体建设用地，并获得土地的相应的增值收益，就可以更好地维护农民自己的合法权益。

王支书：是啊，这个政策不仅可以更好地维护农民的合法权益，还可以减少因为征地而引发的社会矛盾，维护农村的社会稳定。

刘主任：是这样的。第二个，就是对农村土地承包经营权流转作出了新部署。

王支书：土地承包经营权流转？这个不是以前就提出来的吗？

刘主任：是的。早在2003年我们国家就建立了土地承包经营权流转机制。党的十七届三中全会提出，要建立健全土地承包经营权流转市场，按照依法自愿有偿原则，允许农民以转包、出租、互换、转让、股份合作等形式流转土地承包经营权。但是，包括现行的《中华人民共和国土地管理法》都没有明确规定土地可以抵押、入股，承包经营权流转在实践中仍然存在很多制度障碍。十八届三中全会《决定》明确提出，“赋予农民对承包地占有、使用、收益、流转及承包经营权抵押、担保权能，允许农民以承包经营权入股发展农业产业化经营”，不仅使流转思路更加清晰，而且还是土地制度方面的新突破，被有些媒体称为“新土改”呢。

小贴士

《中华人民共和国农村土地承包法》规定，通过家庭承包取得的土地承包经营权可以依法采取转包、出租、互换、转让或者其他方式流转。土地承包经营权流转的主体是承包方。承包方有权依法自主决定土地承包经营权是否流转和流转的方式。

王支书：对我们农民来说，这个政策确实十分重要。现在，咱们农村的农民大量外出务工，原来的一家一户承包经营土地越来越不适应农业发展的需要了。土地承包经营权流转的政策落实了，就可以使咱们农民通过各种形式流转土地承包经营权，既能形成农业的规模经营，大大提高农业生产效率，还能使农民们腾出时间安心在城镇务工经商，进一步提高收入呢。

刘主任：第三个新部署，就是《决定》指出的“赋予农民更多财产权利”。赋予农民更多财产权利，既是切实增加农民收入、缩小城乡收入差距的要求，同时也是推进城乡一体化发展的基本要求。现在，农民的收入问题仍然是“三农”问题的核心，农民收入水平低、增长慢，城乡居民收入水平差距大仍然是一个不争的事实，不仅不利于农村农业发展，也严重影响到我们广大农民生活水平的提高。赋予农民更多财产权利，推动农民财产权利充分实现，就可以有效增加农民的财产性收入，拉动农民收入持续较快增长。

王支书：获得更多的财产权利，这也是我们广大农民的迫切要求。我注意到《决定》里还针对增加农民财产权利的问题提出了很多具体的措施。

刘主任：是的。

王支书：还有，《决定》提出，要“推进城乡要素平等交换和公共资源均衡配置”，这个您怎么看？

刘主任：这就是十八届三中全会农村政策的第四个亮点了。长期以来，我国广大农民的生产要素权益没有得到有效维护。在劳动力要素方面，进城务工农民没有实现与城镇职工同工同酬，相同劳动岗位农民工所得收入只相当于城镇职工的一半左右；在土地要素方面，城乡土地交换农民得到的补偿较少；在资金要素方面，农村存款资金大量流向非农产业和城市，农民长期面临着“贷款难”的问题。

王支书：对这些问题，我们广大农民是深有体会的。

刘主任：所以说，推进城乡要素平等交换和公共资源均衡配置就是要切实维护咱们农民的生产要素权益，使农民工享有同城镇职工同等的劳动报酬权益，使农民公平分享土地增值收益，使金融机构从农村吸收的存款主要用于农业农村发展，解决农村发展中资金短缺的问题。

王支书：《决定》还提出要健全农业支持保护体系，改革农业补贴制度，完善粮食主产区利益补偿机制；完善农业保险制度；鼓励社会资本投向农村建设，允许企业和社会组织在农村兴办各类事业；统筹城乡基础设施建设和社区建设，推进城乡基本公共服务均等化。这些部署都属于推进城乡要素平等交换和公共资源均衡配置的基本措施吧？

刘主任：是的。第五个新部署就是《决定》提出的“推进农业转移人口市民化，逐步把符合条件的农业转移人口转为城镇居民”的政策。这就是咱们常说的“农民进城”的问题。推进农业转移人口市民化，是我国新型城镇化的重大任务，也是我国实现现代化必须解决的重大问题。改革开放以来，我国城镇化发展很快，但总体上看城镇化质量不高，突出表现是适合于农民就地就业的第二产业发展滞后。

王支书：这个问题，我是有感触的。咱们村里的很多年轻人虽然在城里务工，但更多的是在基本建设领域打工，没有可以在城市长久待下去的安全感，在子女教育、医疗、社会保障、住房等方面都享受不到和城镇居民同样的待遇。

刘主任：是的。现在的大多数农村务工人员只能说是处于“半就业”状态。加快推进农业转移人口市民化，是我们广大农民所广泛关注和迫切要求解决的问题。

王支书：谢谢您，刘主任。通过您的介绍，我对十八届三中全会在农村的新政策、新部署有了一个比较全面深入的了解。

刘主任：我还想补充一点。学习贯彻十八届三中全会精神，是当前的首要政治任务。作为农村党员干部，一定要认真学习，坚持学以致用，用全会精神指导我们农村的各项工作，推动我们的新农村建设更好更快地发展。

三、农村工作中怎样坚持好我们的基本经济制度

王支书：最近，邻村的所有农户都领到了新的农村土地承包经营权证。与以前不同的是，承包期限一栏由以前的30年变成了“长久不变”。刘主任，农村土地承包经营权“长久不变”，这个政策是何时提出来的？

刘主任：这个政策是在党的十七届三中全会上提出来的。十七届三中全会通过的《关于推进农村改革发展若干重大问题决定》就指出，现有农村土地承包关系要保持稳定，并长久不变。这次党的十八届三中全会进一步明确，要稳定农村土地承包关系并保持长久不变。

王支书：这让我想到，这次党的十八届三中全会做出了全面

深化改革的重要决定，我们农村的各项改革也势必全面展开和推进。但在农村的改革中，有的制度是必须始终坚持的。

刘主任：是的。您所说的必须坚持的制度，就是我们的基本经济制度。

王支书：基本经济制度？

刘主任：公有制为主体、多种所有制经济共同发展，这是我们国家在社会主义初级阶段的基本经济制度。具体到农村地区，就是农村土地集体所有制下的以家庭承包经营为基础、统分结合的双层经营体制。

王支书：我记得联产承包开始于安徽省凤阳县小岗村。1978年的一个冬夜，小岗村18人按手印，搞“包产到户”，一时惊天动地。随后，家庭联产承包责任制才在全国广大农村推广开了。

刘主任：是这样的。回顾改革开放35年的历史就能够看到，以家庭承包经营为基础、统分结合的双层经营体制是农村改革最重要的制度性成果，也可以说是推动我国农村发展最强大的动力。正因为实行了这个体制，我国农业和农村发展才取得了举世瞩目的成就。

王支书：这一制度的好处在哪里？

刘主任：家庭联产承包责任制将土地所有权与经营权分离开来。所有权归集体，农民享有经营权。这种制度并没有从根本上改变土地集体所有的性质，但却充分调动了农民的生产积极性，解放了农村生产力。它既不同于“大锅饭”的模式，又区别于小私有的个体经济，使集体的优越性和个人的积极性同时得到发挥，促进了劳动生产率的提高以及农村经济的全面发展，开创了一条具有中国特色的社会主义农村发展道路。

王支书：所以说，这个制度我们要毫不动摇地坚持？

刘主任：对。从1991年党的十三届八中全会把以家庭联产承包为主的责任制、统分结合的双层经营体制作为我国农村集体经济组织的一项基本制度长期稳定下来，到这次十八届三中全会进一步明确“稳定农村土地承包关系并保持长久不变”，充分说明了以家庭承包经营为基础、统分结合的双层经营体制是适应社会主义市场经济体制、符合农业生产特点的农村基本经营制度，是农村政策的基石，必须毫不动摇地坚持。

王支书：那么，在当前全面深化改革的大背景下，我们又该怎么样更好地坚持这个制度呢？

刘主任：以我的理解，第一个方面，是要坚持农村土地的集体所有制不动摇。农村土地的劳动群众集体所有制是我国公有制的重要组成部分，是社会主义社会中土地归部分劳动群众集体共同占有的一种公有制形式。土地的劳动群众集体所有制有其历史原因，是不断地、逐步地适应生产力发展要求、意识形态和社会政治结构发生变化的，是被实践证明有生命力的。在今后的土地制度中，必须坚持农村土地的集体所有制这一基础。正如习近平同志在2013年中央农村工作会议上所指出的，坚持农村土地农民集体所有，这是坚持农村基本经营制度的“魂”。农村土地的使用权、承包经营权、用益物权等权利的完善都必须以坚持农村土地的集体所有制为前提。

王支书：从2012年开始，我们农村开始进行集体土地确权登记这项工作，这应该是坚持土地集体所有制的重要举措吧？

刘主任：是的。按照中央的要求，要遵循“主体平等”和“村民自治”的原则确定农村集体土地所有权主体，按照乡（镇）、村和村民小组农民集体三类所有权主体，将农村集体土地所有权确认到每个具有所有权的农民集体。在这个基础上，要明确农村集体土地所有权主体代表，根据情况分别由村集体经济组织或者村民委员会、村内各集体经济组织或者村民小组、乡镇集体经济组织代表集体行使所有权。

王支书：这样的话，农村集体所有权就真正落到了实处。

刘主任：第二个方面，是要坚持家庭经营的基础性地位。就像习近平总书记所讲的，农村集体土地应该由作为集体经济组织成员的农民家庭承包，其他任何主体都不能取代农民家庭的土地承包地位，不论承包经营权如何流转，集体土地承包权都属于农民家庭。

王支书：但现在，为什么有些农村出现了撂荒现象，一些农民家庭都不种地了呢？

刘主任：随着工业化和城镇化深入发展，大量农民转移到非农产业和城镇就业，这部分农民虽仍具有农民身份但已不再从事农业，所以就有了承包主体不经营土地的问题。同时，随着市场经济的发展，家庭分散经营中因土地规模过小而效益不高的问题日渐突出。并且，农户在生产经营中也往往遇到农田水利建设等许多单靠一家一户办不了、办不好或者办起来不合算的事情。

王支书：那应该怎么办？

刘主任：这就是我要说的第三个方面的工作，就是要推进承包权与经营权的分离，要充分保障农民对承包土地占有、使用、收益、流转及承包经营权抵押、担保的权利，引导农村土地承包权有序流转，鼓励和支持承包土地向专业大户、家庭农场、农民合作社流转。在坚持家庭经营基础性地位的同时，创新和实现多种经营方式，发展多种形式的适度规模经营。

小贴士

适度规模经营是指在一定的适合的环境和适合的社会经济条件下，各生产要素（土地、劳动力、资金、设备、经营管理、信息等）的最优组合和有效运行，以取得最佳的经济效益。

王支书：我也知道，适度规模经营可以在一定程度上弥补农户

经营规模狭小的局限性，在较大范围内协调和统筹人力物力财力，采用先进技术开发、加工和利用当地资源，降低生产成本，发挥规模效益。发展适度规模经营，这是对坚持基本制度提出的新要求吧？

刘主任：是的。坚持以家庭承包经营为基础、统分结合的基本制度，必须适应现代农业的发展需要，在“统”和“分”上都要创新、转变。在“统”的层次上，统一经营要向农户联合与合作方向转变，形成多元化、多层次、多形式经营服务体系；在“分”的层次上，家庭经营要向采用先进科技和生产手段方向转变。

四、应当构建什么样的新型农业经营体系

王支书：刘主任，现在总听到说“粮食安全”，到底“粮食安全”是个什么概念？

刘主任：对我们这样的人口大国，保障粮食安全是治国理政的头等大事。2013年，全国粮食总产量首次突破1.2万亿斤，我国人均粮食占有量已连续多年超过世界平均水平，比较稳定地实现了粮食基本自给。但尽管我们实现了粮食产量“十连增”，但仍然赶不上需求的快速增长和结构的不断变化。2013年中央农村工作会议提出，作为人口大国，解决好吃饭问题始终是治国理政的头等大事。要坚持以我为主，立足国内、确保产能、适度进口、科技支撑的国家粮食安全战略。中国人的饭碗任何时候都要牢牢端在自己手上。我们的饭碗应该主要装中国粮，一个国家只有立足粮食基本自给，才能掌握粮食安全主动权，进而才能掌控经济社会发展大局。

王支书：看来粮食安全问题确实非常重要。就我的理解，维护国家粮食安全，也就是要解决好吃的问题——食品要健康，要让咱老百姓吃饱吃好吧。

刘主任：粮食问题可不只是经济问题，也是社会问题、政治问题。必须时刻绷紧粮食安全这根弦，努力提高粮食产量和自给率。2014年山西省农村工作暨扶贫开发工作会议突出强调，抓“三农”工作首要问题是抓好粮食安全。今后要坚持把粮食生产放在更加突出的位置，构筑稳固牢靠的粮食安全保障体系。坚守山西省6000万亩耕地“红线”，确保粮食产量100亿公斤“底线”，采取多种措施提高粮食综合生产能力——比如发展适销对路的高产优质新品种、发展家庭农场，鼓励农民加入合作社等。

王支书：前两天，我们村的小李从县工商局领取了农民专业合作社营业执照，村里第一个合作社宣告成立了。现在，合作社也成了我们村热议的话题。对这个事情，您怎么看？

刘主任：这是件好事情。发展专业合作社，是推动农业向规模化、专业化、现代化发展的重要途径。这次党的十八届三中全会也进一步明确了要鼓励农村发展合作经济。这也是构建新型农业经营体系的重要内容。

王支书：新型农业经营体系？

刘主任：是的，党的十八大报告就指出，要坚持和完善农村基本经营制度，构建集约化、专业化、组织化、社会化相结合的新型农业经营体系。十八届三中全会进一步指出，要加快构建新型农业经营体系。这是根据我国当前农业农村发展新形势和同步推进工业化、信息化、城镇化、农业现代化要求提出的进一步深化农村改革的重大任务，也是加快我国农业现代化进程的必然要求。

王支书：加快构建新型农业经营体系对于我们农村有什么样的意义？

刘主任：现在，在工业化、城镇化快速推进的新形势下，农业农村发展也面临着很多新的矛盾和挑战。从农业经营体制的角度看，当前迫切需要回答的两大问题是将来“谁来种地”和“怎么种地”。

王支书：的确，现在农村的青壮年劳动力都去城市务工，以后“谁来种地”还真是一个问题。不过，我们农民种了一辈子的地，“怎么种地”应该不是个问题吧？

刘主任：是啊，这几年来农村青壮年劳动力外出务工经商的特别多，农业面临“谁来种地”的问题越来越突出。根据2006年第二次全国农业普查结果，全国农业从业人员中，51~60岁占21.3%，60岁以上占11.2%，即农业从业人口中有近1/3已超过50岁。所以，必须及早考虑如何培养农业接班人的问题。另外还要看到农民收入中来自农业的比重正在明显下降的问题。您看身边的农民朋友，有几个是靠种地赚钱的？种地在相当多的农户中已经只是收入增长中的“副业”了。我们国家人多地少，绝大多数农户承包经营的耕地规模小且高度分散，生产效率不高，抵御自然风险、市场风险的能力不强。为了增加收入，多数农户家庭不得不让主要劳动力外出务工经商或就地从事非农产业。所以说，“怎么种地”的问题已难以回避。

王支书：真是这样。对于我们身边的很多农民来说，种地正在变成“鸡肋”，越来越成为农民家庭经营的“副业”。

刘主任：所以说，迫切需要加快探索如何在家庭承包经营基础上提高农业效率的有效形式，在农业人口逐步转移的背景下，使农业真正成为有效率的产业，成为能够使农民致富的职业。构建新型农业经营体系，就是解决问题的良方良药。

王支书：我们广大农民对这个政策很是关心。但是对于要构建什么样的新型农业经营体系这个问题，还是缺乏清晰的认识。

刘主任：加快构建新型农业经营体系，关键是围绕现代农业建设，创新农业生产经营体制，逐步建立起以家庭承包经营为基础，以专业大户、家庭农场为骨干，以专业合作社和农业产业化龙头企业为纽带，以各类社会化服务组织为保障的新型农业经营体系，促进农业生产经营的集约化、专业化、组织化和社会化。

小贴士

“龙头企业”是指在某个行业中，对同行业的其他企业具有很深的影响、号召力和一定的示范、引导作用，并对该地区、该行业或者国家作出突出贡献的企业。

王支书：请您详细谈一谈。

刘主任：首先，这种新型农业经营体系必须以家庭经营为基础。咱们之前谈到过，以家庭承包经营为基础、统分结合的双层经营体制是我国农村的基本经营制度，必须毫不动摇地长期坚持。通过承包土地经营权的流转，如发展家庭农场、专业大户等，也可以扩大家庭经营的土地规模，实现规模经营。每一个农民，说不定都可以成为专业大户呢。

王支书：这也是我们农村很多人的梦想啊。

刘主任：第二点，这种新型农业经营体系是经营方式创新的农业经营体系。

王支书：我也注意到，《决定》指出要“推进家庭经营、集体经营、合作经营、企业经营等共同发展的农业经营方式创新”，但不知道该怎样理解。

刘主任：这种新型农业经营体系是包括专业大户、家庭农场、农民合作社、农业企业等在内的主体多样化的农业经营体系。农业经营主体的多样化，是农业向现代化演进过程中的必然现象。一方面，由于农业人口的转移，原来由各家各户自己经营的承包耕地经营权有了流转和集中的可能；另一方面，越来越多的农产品开始走向集约化、专业化、组织化、社会化生产。这两方面的变化都在催生各种新的农业经营形式的成长。为了提高农业生产经营的效率，不同农产品的生产往往会对经营形式提出各不相同的要求。

王支书：这个我了解一些。比如说，粮棉油糖等农产品的生产，主要取决于耕地的经营规模，所以需要通过流转承包耕地的经营权实行土地规模经营的家庭农场、专业大户和土地股份合作社来经营；瓜果蔬菜花卉这些鲜活农产品的生产，主要取决于品种选择、栽培技术和市场销售，所以需要组织农民专业合作社，最大限度地发挥这方面少数能人的带动作用；至于现代化设施农业和规模化养殖场，它们对技术、投资、管理和营销等方面有更高的要求，超越了大多数农户和农民专业合作社的能力，所以更适合引入社会资本实行企业化的经营。

刘主任：是这样的。而且这种新型农业经营体系是经营方式不断创新的农业经营体系。从我国人多地少的基本国情和当前经济社会发展的阶段性特征出发，要提高农业经营主体的生产效率，除了需要进一步加强农田水利等基础设施建设、大力推进农业科技进步、完善国家对农业的支持保护体系等之外，还必须通过农业经营方式的不断创新，激发农业生产的生机和活力。

王支书：我从报纸上看到，近年来有的地方农民创造出土地托管、代耕、“土地银行”等各种形式，对扩大耕地的经营规模发挥了积极作用。这就属于经营方式创新吧？

刘主任：是的。从我国各地探索实践的经验看，除了常规的承包土地经营权流转，发展家庭农场、专业大户，扩大家庭经营的土地规模之外，还创造出各种各样的经营方式。比如说，依靠农业社会化服务体系的支持，创造出“耕、种、收等主要作业环节靠社会化服务，日常田间管理主要靠家庭成员”的方式，以扩大社会化服务的规模来弥补生产经营主体耕地规模的相对不足。再比如说，围绕某些特定农产品的生产、销售和加工，发展多种形式的合作与联合，既有农民专业合作社，也有实行土地股份合作制的农业生产联合组织，它们的共同特点就是着力解决农民一家一户办不了、办不好、办起来不经济的事情。总体上看，要充分尊重农民自己的意愿，按照提高农业经营效率的要求，充分发挥农民的创新精神，才能推动经营主体的多样化发展。

王支书：《决定》还提出“鼓励农村发展合作经济，扶持发展规模化、专业化、现代化经营”，合作经济在农村经济发展中具有什么样的特殊作用啊？

刘主任：合作经济是农业农村发展的一个重要方向。农户的小规模分散经营与农产品大市场的矛盾，是我国农业发展面临的突出问题，发展合作经济是解决这一矛盾和问题的有效途径。合作经济是连接市场和农户的中介和载体，在传递市场信息、普及生产技术、提供社会服务、组织引导农民按照市场需求进行生产和销售等方面发挥着重要作用，可以改变单家独户农民进入市

场势单力薄的弱势地位，扩大农产品销售规模，使个体的农业生产经营者在微观领域结合起来，以较高的组织化程度、一体的组织结构、适度的组织规模进入市场，实现分散经营和市场的有效对接，大大提高农户的市场谈判能力和竞争能力，是组织和服务农民的重要组织形式，是提高农业市场竞争力的有效途径。

王支书：谢谢您，刘主任，通过您的解释，我对构建新型农业经营体系，对推动实现农业生产的现代化都有了更深刻的认识。

五、怎样保证农民拥有更多的财产权

王支书：昨天，我在电视上看到一则新闻，有个村的村办企业进行年底分红，按照人头，每人分红2万多元，有的家庭一下子就分到了十多万元。刘主任，农民参与村办企业分红，这件事情在政策层面怎么理解？

刘主任：这是件好事。党的十八届三中全会明确指出，要赋予农民更多的财产权利。农民参与集体企业的收益分配，这就是农民财产权利的重要内容。

王支书：我也注意到《决定》里关于“赋予农民更多的财产权利”的新部署，这也是最近我们村广大群众热议的话题，我想请您详细谈一谈。

刘主任：首先说，赋予农民更多财产权利，是实现城乡居民财产权利平等的必然要求。目前我国城乡不平等的一个深层次表现是农民和市民所享有的财产权利不平等。比如说，城镇居民购买的房屋具有完整产权，可以抵押、担保、买卖，而农民在宅基地上合法建造的房屋却不具有完整产权，不能抵押、担保，也不能卖给本村以外的人。

王支书：还有，企业获得的国有土地使用权可以用于抵押、担保等活动，而农民拥有的集体土地使用权却不能用于抵押、担保等活动。

刘主任：是这样的。财产权利的不足，严重制约着农户财富的培育、积累、扩大，制约着农民同城镇居民在经济权利上的平等，制约着城乡一体化发展。赋予农民平等的财产权利，让广大农民平等参与现代化进程、共同分享现代化成果，这是我国现代化必须解决的重大问题。

王支书：我觉得“赋予农民更多财产权利”这个政策一定和咱们农民的收入有些关系，对不对？

刘主任：对。赋予农民更多财产权利，也是增加农民收入和财富、缩小城乡收入差距的必然要求。目前，我们农村的农民财产性收入所占比重很低，是增加农民收入最大的潜力所在。所以要把增加财产性收入作为促进农民增收的重要途径，使财产性收入成为农民增收的新的增长点。

王支书：您这么一说，我就明白了。那么，应该采取什么办法来增加农民的财产性收入，保证农民拥有更多的财产权呢？

刘主任：关于如何赋予农民更多财产权利的问题，十八届三中全会提出了明确的意见，从多个方面进行了部署。

王支书：这个还得您来解释一下。

刘主任：首先要明确，十八届三中全会提出赋予农民更多的财产权利，不是要分给农民什么新财产，而是要通过维护农民土地承包经营权，保障农民集体经济收益分配权和农户宅基地用益物权，让法律赋予农民的财产权利得到更好的实现和保障。这个可以从两个层面来理解。

小贴士

用益物权是物权的一种，是指非所有人对他人之物所享有的占有、使用、收益的排他性的权利。

王支书：哪两个层面？

刘主任：一是法律已经赋予农民的财产权利要得到充分保障。要通过一系列政策措施让农民合法的财产权利得到充分保障，这是最基本的。农村集体林权制度改革、农村集体土地确权登记颁证等措施，就是要为保障农民的财产权利奠定基础。二是要创造更好的制度使农民的财产权利得到更好的运用。《决定》要求赋予农民对集体资产股份占有、收益、有偿退出及抵押、担保、继承权，保障农户宅基地用益物权，选择试点慎重稳妥推进农民住房财产权抵押、担保和转让，建立农村产权流转交易市场等，就是为充分实现农民财产权利而提出的重要举措。

王支书：对于保障农民现有财产权利的问题，我有着切身的感受和体会。比如说，这几年的林权制度改革，就是围绕“还山于民”“还权于民”，通过颁发林权证，赋予农民山林主人的合法身份，为他们获得更多财产性收益提供了法律保障。同时还明确集体林地承包经营权属于用益物权，农民作为承包经营权人，依法独立享有对林地占有、使用和收益的权利。

刘主任：下一步还要积极推进林权流转，鼓励林权在公开市场上向专业大户、家庭林场、农民合作社、林业企业流转，实现资源优化配置，盘活农民森林资产，为农民自主经营林业松绑、助力，让农民获得更多更完整的财产权利。

王支书：这是一个方面。但是说到如何创造更好的制度，我就

不太明白了。

刘主任：具体来说，一是要积极发展农民股份合作制度，赋予农民对集体资产股份占有、收益、有偿退出及抵押、担保、继承权，使农民依法获得集体资产股份分红收益；二是要充实农民土地使用权权能，赋予农民对承包地占有、使用、收益、流转及承包经营权抵押、担保权能，允许农民以承包经营权入股发展农业产业化经营。使农民能够获得土地股权投资收益；三是要鼓励承包经营权向专业大户、家庭农场、农民合作社、农业企业流转，通过加快土地承包经营权流转来发展适度规模的农业经济，提高农业竞争能力。赋予广大农民承包经营权流转的权利，可以使农民依法获得土地流转收益；四是要保障农户宅基地用益物权，改革完善农村宅基地制度，通过试点推进农民住房财产权抵押、担保、转让，使农民依法获得宅基地和房产转让收益；五是要允许农村集体经营性建设用地出让、租赁、入股，实行与国有土地同等入市、同权同价。还要完善对被征地农民的合理、规范、多元保障机制，建立兼顾国家、集体、个人的土地增值收益分配机制，合理提高个人收益，使农民公平分享土地增值收益，推动财产真正成为农民发展和致富的重要手段。

王支书：这里面提到，要保障农户宅基地用益物权，改革完善农村宅基地制度，选择若干试点，慎重稳妥推进农民住房财产权抵押、担保、转让。这是个新提法、新举措，也受到了农村群众的普遍关注。对这个问题，应该怎样认识？

刘主任：这得从我国现有的农村宅基地制度说起。我国现行农村宅基地制度是长期以来形成的，按照现行法律规定，农村居民一户只能拥有一处宅基地，面积不能超过省、自治区和直辖市划定的标准。但在实践中，这一制度并没有得到有效的执行，存在不少问题：第一，超标准占用宅基地现象十分突出，造成了宅基地对耕地资源的大量挤占。超标准占用的主要表现，有的是一户多处宅基地，有的是一户尽管只有一处宅基地但面积明显超过标准。第二，闲置宅基地现象大量存在，造成土地资源的极大浪费。一是建新不拆旧，二是进城务工农民在农村的房屋长期闲置。在农村不少地方，农户建房申请新的宅基地，新的住宅建好搬入居住后，旧的宅基地也不交。

王支书：对宅基地闲置浪费的问题，我们农民是有切身感受的，在我们身边这种现象也非常普遍、非常常见，不仅严重浪费土地资源，也影响村容村貌，使农村出现了大量“空心村”现象。看了着实使人感到痛心。

刘主任：您说得很好。还有一点，就是现在的农村宅基地使用权权能单一，限制了宅基地对农民的财产属性和功能。农民在宅基地上建造的房屋不能产权化，限制了农民的房屋所有权权能，进而限制了农民房屋所有权的经济功能，使农民房屋财产权无法在经济上充分实现，不能进入社会财产增值体系和流动体系，不利于农民房产增值和实现增值收益，不利于保障农民的财产权益。

王支书：看来，对农村宅基地制度进行改革，确实是非常必要的。可是，农村宅基地制度改革应该如何推进呢？

刘主任：按照中央的精神，改革完善农村宅基地制度的基本路径和方向是：第一，加强宅基地管理，严格“一户一宅”和宅基地面积上限控制政策，真正杜绝“一户多宅”“一宅超限”等多占宅基地现象；第二，加强宅基地复垦，杜绝宅基地闲置，把闲置宅基地全部复垦为耕地；第三，对农村宅基地进行登记确权颁证，向农户颁发具有法律效力的宅基地权属证书，建立完善的宅基地使用权统一登记体系；第四，扩展农村宅基地使用权权能，通过选择若干地区试点，谨慎稳妥推进农民住房财产权抵押、担保、转让，使宅基地使用权具备充分的物权功能，推动农户房产进入社会财产增值体系、信用体系和流通体系。

王支书：看来，对我们广大农民来说，也需要花大力气来认真学习领会中央的精神，读懂读透党在农村的新政策、新部署，切实维护好、实现好自己的财产权利。

刘主任：是这样的。

六、农村土地承包经营权怎么流转

王支书：昨天，我们村的小赵在村委会办公室和村里的种植大户李松签订了土地承包经营权流转合同。在此之前，村里已经有不少和小赵一样在城里打工的人，把闲置的土地转包给了村里的专业大户。

刘主任：你们村的土地流转搞得很红火啊。

王支书：十八届三中全会以后，“土地流转”这个词在我们农村又一次成了大家广泛议论的热词。这个您怎么看？

刘主任：十八届三中全会对土地流转问题作出了一些新的部署，形成了更加明晰的流转思路，对于下一步的农村土地承包经营权流转工作具有重大的政策意义，对农民的影响也很大，也难怪会成为大家热议的话题。

王支书：承包经营权流转对农民有什么样的意义呢？

刘主任：对农民来讲，承包地经营权流转是农民土地承包经营权的重要权能，维护农民对承包地占有、使用、收益、流转及承包经营权抵押、担保权利，可以使农民对承包地的权能更加完整和充分，有利于进一步完善农民同土地的关系，充分维护农民的土地权益。同时，承包经营权流转也是农民实现财产性权利的重要途径。

王支书：之前我们谈到构建新型农业经营体系，我觉得，新型农业经营体系的构建和适度规模经营的实现，也必须是以承包经营权流转为前提的。

刘主任：您理解得很对。所以说，土地承包经营权流转工作对农民权益、对农业和农村的发展都有着巨大的影响，必须予以高度的重视。

王支书：那么，农村土地承包经营权应该怎么流转呢？

刘主任：首先说，土地承包经营权流转必须遵守依法、自愿、有偿的原则。

王支书：什么是依法、自愿、有偿的原则？

刘主任：依法流转原则，是说农村土地承包经营权的流转要严格按法律法规和政策办事。土地流转不得改变集体土地的所有权，不得改变农业用地的用途，不得侵害土地承包经营权人的合法权益。承包经营权流转的程序也要严格规范、手续完备。

王支书：自愿原则就是土地流转由农民自己说了算，对吧？

刘主任：对。流转土地承包经营权是农民享有的法定权利，任何组织和个人不得侵犯和剥夺。自愿原则也是土地承包经营权流转的第一原则。这一原则是党的农村政策和国家法律法规明确规定的，关系农村基本经营制度的稳定和国家的长治久安，必须毫不动摇地坚持。土地是否流转、何时流转，以什么方式、什么价格流转，都是农民自己的权利，农民有权依法自主决定，任何单位和个人不得强迫或者阻碍承包方依法流转其承包土地。

王支书：以前也看到过新闻报道，有的地方采取下指标、搞行政命令，强迫或变相强迫农民流转承包地。这是严重侵犯农民权益的做法。

刘主任：是的，对这种做法必须要严格禁止。有偿流转原则就是农村土地承包经营权流转应当是有偿的，土地流转收益的标准、方式和相关事项由承包方与受让方协商约定，任何组织和个人都不得侵占、截留、扣缴流转当事人应得的收益。

王支书：您继续谈。

刘主任：第二点，就是可以因地制宜地采取多样化的承包经营权流转形式。

王支书：承包经营权流转的形式都有哪些？

刘主任：根据我国《农村土地承包法》规定，土地承包经营权可以依法采取转包、出租、互换、转让等方式流转，还可以将土地承包经营权量化为股份，以股份入股形式与他人共同生产。在我国各地土地承包经营权流转实践中，还创新出委托经营等其他各种形式。但无论采取什么形式，都不能违反经营权流转的法律规定和基本原则，并应履行相应的法律程序。

王支书：无论采取哪种流转方式，决定权都应该在农民自己手里。

刘主任：第三点，要鼓励承包经营权向专业大户、家庭农场、农民合作社、农业企业流转，发展多种形式规模经营。

王支书：这是构建新型农业经营体系的需要吧？

刘主任：具体来说，承包经营权向专业大户、家庭农场、农民合作社、农业企业流转，是培育新型农业经营主体的需要。随着农村劳动力不断向非农产业转移，留在农村务农的年轻人越来越少，农业生产人员老龄化、后继无人的问题日益严重，培育新型农业主体的任务也十分迫切。专业大户、家庭农场、农民合作社、农业企业是新型农业经营主体的主要形式，承包经营权向这些经营主体流转，有利于推动我国新型农业经营主体快速成长，是提高农业盈利能力和市场竞争力的需要，也是发展规模经营和现代农业的需要。发展规模经营和现代农业，是我国农业改革发展的重要方向。要提高农业生产的现代化、机械化程度，利用科学技术发展成果，一家一户是做不到的，有的要超过村的界限，甚至超过区的界限。承包经营权的流转，是推动农业实现规模经营的根本途径。

王支书：那么，怎么样鼓励承包经营权向专业大户、家庭农场、农民合作社、农业企业流转呢？

刘主任：可以通过采取各种措施鼓励和引导土地向专业大户、家庭农场、农民合作社、农业企业流转。比如说，可以对土地流转大户实施资金奖励政策，或者根据需要实行金融扶持或技术扶持政策等。同时，也可以对流出土地的农户实施激励政策，比如在培训、就业等方面给予更多的支持等。

王支书：《决定》指出，要鼓励承包经营权在公开市场上向专业大户、家庭农场、农民合作社、农业企业流转。怎么理解“在公开市场上”？

刘主任：这正是我要谈的第四点，承包经营权流转要以市场为导向，加强土地流转市场体系建设。土地承包经营权流转是市场经济发展的内在要求。要实现土地流转的健康有序发展，必须坚持市场导向，建立健全以市场为基础的流转机制。土地承包经营权的流转需要充分体现供需双方的真实意愿，遵循平等、竞争、有序的市场原则。只有以市场为基础，建立健全土地承包经营权的信息发布、价格形成、交易保护等各项机制，才能充分提高农地资源利用效率，使农民获得更多的财产性收入。所以，要高度重视土地流转市场体系的建立和完善，积极推动土地流转公开市场建设，健全流转市场交易规则，培育中介服务组织，努力营造健康有序的市场环境，为流转双方提供规范、方便、优质的服务。

王支书：按照我的认识，在市场调节基础上，还要切实加强政府的宏观调控和管理服务，保护流转当事人的合法权益。

刘主任：最后一点，土地承包经营权流转必须坚持服务于发展现代农业，遏制土地流转“非粮化”，严禁土地流转“非农化”。

王支书：“非粮化”？“非农化”？

刘主任：近年来，土地流转不断加快，与此同时土地流转中也出现了比较严重的“非粮化”冲动，一些本来种粮食的土地被流转为搞养殖业、花卉业、观光休闲农业等，造成粮食播种面积的下降和减少。还有少数地方的土地流转后，土地不再用于种植，而是变成了非农业建设用地，建起了庄园、别墅和度假村，从根本上改变了农业土地用途，造成了土地流转的“非农化”。

王支书：那应该采取什么办法遏制呢?

刘主任：一方面，要加大粮食生产扶持力度，保持粮食价格合理提高，通过制定有针对性的补贴政策鼓励和支持流入方从事粮食生产。另一方面，要通过严格土地流转管理，确保土地流转用途与农业发展规划相一致，流转后的土地要统一按照农业用地规划要求，办理相关手续，明确流转土地的使用状况和用地形式。此外，要坚决制止假借土地流转之名的“非农化”行为，加大对违法违规使用流转土地案件的查处力度。

七、中国特色城镇化的道路怎么走

王支书：快过年了，我们村在城里打工的年轻人不少都已经回来了。不少人抱怨，城里的生活成本太高了，子女上学的问题也一直难以解决。有的还说，再待一段时间看看，不行就回村自己种菜。

刘主任：这个情况很有普遍性。说到底，是城乡二元结构导致的问题。

王支书：城乡二元结构？

刘主任：所谓城乡二元结构，就是在制度层面把城镇居民和农村居民从身份上分为两个截然不同的社会群体，公共资源配置和基本公共服务等向城镇和城镇居民倾斜，农村得到的公共资源和农民享有的基本公共服务明显滞后于城镇和城镇居民，农民不能平等参与现代化进程、不能共同分享现代化成果。

王支书：比如说，在户口方面，户口分成农业户口和非农业户口，农民被登记为农业户口，城镇居民被登记为非农业户口，农业户口不能自由转换为非农业户口。这都是城乡二元结构的表现吧？

刘主任：是的。在这种城乡二元结构制度下，除了咱们刚才谈到的进城务工农民半城镇化的问题，在基本公共服务方面，财政对农村公共设施建设、义务教育、公共文化服务、社会保障的投入力度也明显低于城镇，农村低保标准、合作医疗补助标准、社会养老保险补助水平都明显低于城镇。

王支书：我注意到，十八届三中全会《决定》就明确指出了城乡二元结构是制约城乡发展一体化的主要障碍。

刘主任：是的。为了解决这个问题，十八届三中全会明确提出，要坚持走中国特色新型城镇化道路，推进以人为核心的城镇化，推动大中小城市和小城镇协调发展、产业和城镇融合发展，促进城镇化和新农村建设协调推进。

王支书：那么，中国特色新型城镇化道路到底应该怎么走啊？

刘主任：首先必须明确一点，中国特色新型城镇化必须是以人为核心的城镇化。在我们这样一个人多地少、城乡区域发展差异大、生态环境接近承载极限的国家推进城镇化，路子必须走正，不然就会犯历史性的错误，造成难以挽回的巨大损失。过去一二十年，我国的土地城镇化速度远远快于人口城镇化，2000年至2012年，全国土地建成区面积增长了78.5%，而城镇人口只增长了45.9%。这种大量占用土地的城镇化，是我国的土地资源根本无法承受的。以人为核心的新型城镇化，就是要扭转以地为核心、大量圈地造城、地和人不协调的城镇化倾向，实现土地城镇化与人口城镇化相协调。

王支书：具体要做哪些方面的工作？

刘主任：十八届三中全会和2013年12月首次召开的中央城镇化工作会议针对这个问题作出了明确而具体的部署。概括起来，主要有这么几个重点。首先第一点，就是要推进农业转移人口市民化，逐步把符合条件的农业转移人口转为城镇居民。

王支书：就是要解决农民进城的问题？

刘主任：是的。城镇化的过程本身就是农业人口不断向非农产业转移、向城镇转移，从而使城镇数量不断增加、城镇规模不断扩大、城镇人口比重不断提高的过程。没有农业转移人口的市民化，也就没有城镇化的实现。加快推进农业转移人口市民化，是我国城镇化持续健康发展的迫切需要，也是我国经济社会持续健康发展的迫切需要。

王支书：具体部署有哪些呢？

刘主任：一是要加快户籍制度改革，主要任务是解决已经转移到城镇就业的农业转移人口落户问题。要全面放开建制镇和小城市落户限制，有序放开中等城市落户限制，合理确定大城市落户条件，严格控制特大城市人口规模。要形成以合法稳定住所或稳定职业为户口迁移基本条件、以经常居住地为户口登记基本形式的城乡统一的户籍管理制度，使户籍制度同农业转移人口市民化相适应，逐步把符合条件的农业转移人口转为城镇居民，逐步让已长期在城镇就业和生活的农业转移人口在

城镇落户，在户籍身份上成为完全的城镇居民，让农业转移人口在城镇能够进得来、住得下、融得进、能就业、可创业。

二是要稳步推进城镇基本公共服务常住人口全覆盖，把进城落户农民完全纳入城镇住房和社会保障体系。进城落户农民在农村参加的养老保险和医疗保险，要规范接入城镇社保体系，以保障他们在农村缴纳的时间能够延续计算。城镇职工养老保险、医疗保险、失业保险、工伤保险等基本社会保障，要对农业转移人口全覆盖。农业转移人口享有同城镇居民相同的基本住房保障服务，在子女就学、公共卫生等方面享有同城镇居民相同的待遇。

三是要努力提高农民工融入城镇的素质和能力。关键是建立农民工教育的长效机制，在对农民工群体高度重视、尊重他们的存在和劳动的基础上，尽快落实农民工的教育培训权，引导他们全面提高自身素质，尽快融入城市文明。同时取消对农民工就业的各种政策限制与地域歧视，让农民工获得合理的工资报酬，从而找到自我价值感和尊严感。

王支书：还有一个问题，如果放开户籍制度，大家都想往大城市跑怎么办？

刘主任：所以说，第二点，就是要推动大中小城市和城镇协调发展。由于各方面原因，我国人口过度向少数特大城市集中的势头越来越明显。人口聚集过多，就导致了交通拥挤、资源短缺、生态环境压力大、生活成本过高等“城市病”。您没看见大城市那些“蚁族”吗？就是相当数量的高校毕业生和其他年轻人不愿意离开大城市，在条件较差的城市边缘聚集形成的。所以要以控制特大城市人口规模为目标，加强和创新人口管理，把握好人口在不同城镇空间的合理分布，不要都挤到大城市特别是特大城市去。

王支书：可是还是大城市有吸引力啊。

刘主任：所以要大力提高中小城市对人口的吸纳能力。中小城市和小城镇是吸纳人口的主体，要根据城市资源禀赋，发展各具特色的城市产业体系，强化城市间专业化分工协作，增强中小城市产业承接能力，特别是要着力提高服务业比重，增强城市创新能力，以产业带动就业，引导人口向中小城市流动，形成人口在各类城市和小城镇合理分布的良性格局。

王支书：看来，要推进城镇化还要大力加强城市建设啊，政府有那么多钱吗？

刘主任：这就是我要说的第四点，要建立多元可持续的资金保障机制。一方面，要建立财政转移支付同农业转移人口市民化挂钩机制。财政转移支付要同农业转移人口市民化相适应，对吸纳农业转移人口较多城镇的公共服务能力建设予以较多支持，增强城镇公共产品供给能力和吸纳农业转移人口能力。另一方面，要建立城市建设投融资机制，推进城市建设管理创新。既要在完善法律法规和健全地方政府性债务管理制度基础上，建立健全地方债券发行管理制度，又要推进政策性金融机构改革，发挥好政策性金融机构在城镇化中的重要作用，同时要放宽市场准入，制定非公有制企业进入特许经营领域的办法，鼓励社会资本参与城市公用设施投资运营，为城镇化发展筹措必要的资金。

小贴士

地方政府债券，又称“地方债”“市政债券”，是发达市场经济国家普遍采用的债务管理方式，它具有双重创新特性：既是财政管理与债务管理制度的创新，也是金融市场与金融工具的创新。

王支书：还有其他的部署和要求吗？

刘主任：除了咱们刚才谈到的几点，中央还就提高城镇建设用地利用效率、优化城镇化布局和形态、提高城镇建设水平和加强城镇化管理等方面的问题做出了明确的部署。

王支书：通过您的介绍，我对中国特色城镇化道路终于有了更完整的理解。

刘主任：我再补充一点。十八届三中全会指出要促进城镇化和新农村建设协调推进，我认为这也是很关键的。国际上一些国家在推进工业化和城镇化过程中由于忽视了农业，在城市周围形成了大量的贫民窟。这样的城市化发展是不健康的。我们国家是社会主义国家，决不允许在城市当中出现大量的贫民窟，因此在推进城镇化过程中决不能忽视农业。相反，我们要更加重视农业，更加重视新农村建设，形成新农村建设和城镇化发展相辅相成、同步进行的局面，这样才能促进经济社会的良性发展。

八、用美丽中国的视野建设美丽乡村

王支书：在新闻里看到，福建省惠安县一个叫杨友诚的老人，从16年前退休回到农村就开始义务种树。15年的时间里，他自掏腰包种下3000多株刺桐树，绵延长达3公里。现在，他种的刺桐树已经成了他们村里的“名片”。

刘主任：这个新闻我也看了。杨老的作为确实让人敬佩啊。现在我们讲要建设美丽中国，就需要更多像杨老这样的人。

王支书：美丽中国，我记得这是党的十八大提出来的吧？

刘主任：是的。党的十八大第一次明确提出了要“努力建设美丽中国，实现中华民族永续发展”。十八届三中全会又进一步提出“紧紧围绕建设美丽中国深化生态文明体制改革，加快建立生态文明制度，健全国土空间开发、资源节约利用、生态环境保护的体制机制，推动形成人与自然和谐发展现代化建设新格局”。建设美丽中国，这是新时期我们党和国家的一项重大战略部署。

王支书：我个人感觉，美丽中国的内涵十分丰富。

刘主任：美丽中国不是一句简单美丽的口号，而是有着深刻丰富的内涵。但归根结底，这是一个生态文明建设的问题。建设生态文明是实现人与自然和谐发展的根本途径，也是关系人民福祉、关系民族未来的长远大计。十八大和十八届三中全会不仅把生态文明建设摆在总体布局的高度来论述，并且从抽象的数字指标变成可感可知的美丽中国，充分体现了我们党尊重自然、顺应自然、保护自然的理念，也彰显了中华民族对子孙、对世界负责的精神。我们有理由相信，在美丽中国理念的指导下，我们一定能实现“给自然留下更多修复空间，给农业留下更多良田，给子孙后代留下天蓝、地绿、水净的美好家园”的美好愿景。

王支书：我想，建设美丽中国一定离不开我们广大农村和农民。

刘主任：是的。我们国家是一个农村地区占了国土面积的绝大部分的大国。如果没有农村的发展和进步就谈不上整个国家的发展和进步。城市依托乡村而存在，不仅因为乡村为城市提供生态屏障，也不仅因为乡村消纳与平衡城市对环境的污染，更重要的在于乡村具有城市不具备的特殊功能。从这种意义上讲，美丽中国建设就是要把乡村建设得更像乡村，把城市建设得更像城市，实现城乡和谐发展。美丽中国，要从乡村起步。

王支书：美丽中国体现在农村，是不是就是美丽乡村？

刘主任：这个理解很深刻。美丽乡村是美丽中国的重要组成部分，建设美丽中国，就是要以建设美丽乡村为基础。美丽乡村建设既是落实生态文明建设战略部署的重要举措，也是农业和农村自身发展的必然趋势；既是加强农业生态保护，有效提高农业资源利用率，走新型节约、环境友好的农业发展道路，发展现代农业的必然要求，也是全面改善农村人居环境，促进农民生活健康幸福，提升社会主义新农村建设水平的必然要求。

王支书：您讲得太有道理了。看来，美丽乡村建设实在是太重要了。但是我们农村基层工作千头万绪，美丽乡村建设应该从哪里入手呢？

刘主任：美丽乡村建设涉及面广、内容丰富，又关系到老百姓的切身利益，确实必须先理出个头绪来。我觉得，其中最重要的一点是美丽乡村建设的落脚点应该在“乡村”，重点应该在“农民”。

王支书：怎么理解？

刘主任：美丽乡村建设为的是农民，靠的也是农民，最应该受益、最应该得到实惠的就是我们广大农民群众。既要通过政策引导，让农民看到美丽乡村建设的美好愿景，又要通过大力倡导节约、绿色消费方式和生活习惯，努力营造人人关心、参与、支持美丽乡村建设的浓厚社会氛围，增强广大农民群众的生态意识和环保意识，增强大家建设美好家园的信心和自觉性，变“要我建”为“我要建”，变“等等看”为“主动干”。

王支书：我觉得，美丽乡村建设应该先进行规划。好的规划是成功的基础嘛。

刘主任：您说得很对。美丽乡村是规划科学、布局合理、环境优美的秀美之村，是家家能生产、户户能经营、人人有事干、个个有钱赚的富裕之村，是传承历史、延续文脉、特色鲜明的魅力之村，是功能完善、服务优良、保障坚实的幸福之村，是创新创造、管理民主、体制优越的活力之村。要建设这样的美好乡村，科学规划是龙头。

王支书：那应该怎样做好美丽乡村建设的规划呢?

刘主任：美丽乡村建设规划一定要尊重自然，顺应地形，坚持一村一规划，彰显乡村特色，走差别化的美好乡村建设道路。乡村环境要合理利用地形，保持田园风光，结合民俗民风，体现乡土气息。比如说，可以营造体现村庄特色与标志性风貌的村口景观，可以整治疏通河道水系来改善水质环境，可以以村口、道路两侧、宅院周边、池塘、水渠以及不宜建设地段为重点进行绿化，可以鼓励村民积极美化庭院，营造户户皆美景的环境效果，等等。这样因地制宜的规划才是科学的规划，也是农民群众满意的规划。

王支书：这样的规划也充分体现党中央科学发展、以人为本的基本理念啊。

刘主任：是啊。这也是美丽乡村建设的核心和关键。

王支书：规划好了之后就要建设，但建设需要的费用——钱从哪里来呢?

刘主任：您讲的这个问题是整个美丽乡村建设过程中最关键的问题。目前，我们国家正在推行“一事一议财政奖补”政策，对美丽乡村建设提供有力的财政支持。但财政拨款毕竟是有限的，一定要量入为出、精打细算，不能贪大求全。应该因地制宜，根据各个村的资源禀赋、自然条件、地域特色和产业特点，按照“一村一策”的模式确定美丽乡村建设思路和目标，防止“千村一面”，浪费资源。与此同时，我们基层党组织也要动员群众积极参与出资来搞美丽乡村建设。但最根本的还需要把美丽乡村建设与农村经济发展、产业壮大相配套，走经济发展可持续之路。这是解决资金来源的最根本办法。

小贴士

所谓一事一议财政奖补，就是村级就开展建设一个村级公益事业项目召开村民议事大会，这是一事一议制度；村级通过乡镇级农业、财政所向县级财政、农业部门申报一事一议村级公益事业建设项目，上级通过审核后批准立项，对这个项目拨付部分财政奖补资金。一事一议项目资金来源于上级奖补资金、村民筹资筹劳、社会捐助等途径，一般上级奖补资金可以占项目投资总额的75%以上。建设项目针对的是村内道路、小型水利设施、村容村貌、环境卫生、饮水安全、村内活动场所等。

王支书：说得很对。那么关键是怎样才能把村庄的产业经济发展壮大呢？

刘主任：我认为总体思路应该是从村庄的实际情况出发，集中和发挥自身的资源优势，走“一村一品，一村一景”的发展道路。

要保障传统产业发展，积极发展特色产业，尤其要大力发展高效生态农业、乡村休闲旅游业，同时为农民创业就业搭建平台，努力把资源优势转化为经济优势。这样才能加快兴业富民步伐，为美好乡村提供产业支撑，最终实现宜工则工、宜农则农、宜游则游，从而实现通过经济发展促进美丽乡村建设向更深、更广的空间发展。

王支书： 在规划制定、产业发展初具规模后，下一步工作如何推进？

刘主任： 我认为，应该从以下几个方面来推进美丽乡村建设工作：首先，美丽乡村建设应与村庄撤并、调整紧密结合，通过合理调整，使农村逐渐形成以中心村为核心的合理布局；其次，美丽乡村建设要与提高农村的生态水平和经济水平相结合，就是说既要重视金山银山更要重视绿水青山；第三，村容村貌的整治也是美丽乡村建设的重要内容。为了使农村变得更加整洁，我们应该加大对村庄的整治力度，包括道路硬化、农村垃圾污水的集中处理、文化场所的建设、体育设施的配套，以及公共服务设施的完善，等等，争取给农村带来焕然一新的面貌。

王支书： 确实是这样的。看新闻报道说有的地方通过美丽乡村建设，以前家家户户门前的草堆、厕所、破猪圈，如今被整理为成片的果蔬园地；以前的死水沟，眼下成了清水渠；以前人迹罕至的杂草滩，正在变身休闲健身场，就连废弃的老农具也成为“农耕园”里的陈列品了……过去脏乱差的旧村庄，正在朝规划的蓝图脱胎换骨。

刘主任：我们相信，在十八届三中全会精神的指引下，在不久的将来，我们农村一定会变得非常干净、漂亮，我们农民也一定会过上更加幸福的生活。

延伸阅读

“走一道岭来，翻一架山，山沟里空气好，实在新鲜……”每当哼起这脍炙人口的唱词，不由让人想起那出轰动一时的现代豫剧——《朝阳沟》，以及那为许多人所熟知的故事、那个时代。今天，在夏县庙前镇西村，一座以“朝阳沟庄园”命名的，集餐饮、住宿、观光、垂钓等于一体的休闲娱乐中心，正吸引着越来越多的游客。

夏县庙前镇西村地处中条山前沿，是一个仅有4个村民组、135户580口人、耕地面积1700亩的小山村。近年来，该村不断以调整产业结构为突破口，以生态经济林建设为切入点，以荒山种树栽药为主战场，在生态文明村建设上走在了全省的前列。5年时间，全村共植树60余万株。在村里、地头埝边、大小沟岔，栽植各类树木达8万余株，规划的7条长达3000多米的田间道路两旁全部栽上了国槐、大叶玉贞等树木。同时该村还发展远志、黄芩等中药材种植1300亩，发展核桃种植1400亩，人均纯收入由2008年的3500元增加到现在的7915元，走出了一条生态村建设和群众增收的双赢之路。现在的西村，漫山遍野到处都是树的世界、绿的田野、花的海洋。

借移民搬迁的东风，西村先后投资240万元建设了占地80亩、设计为“丰”字形的新农村，村里主巷道宽阔笔直，24条大街小巷共6公里的道路全部进行了水泥硬化，并栽植各种花草树木26万余株，安装路灯80余盏。建起了占地10亩、2100余平方米的文体中心和人民舞台，安装健身器材，建起了卫生所、综合超市、图书室、科技活动室和篮球场。

从2006年冬季开始，该村就依托生态优势，发展农家乐旅游，对老村原有的50孔土窑洞进行改造，建起了“朝阳沟”休闲娱乐中心，吸引游客品味山区生态文化大餐，激活了山区经济发展。

村内有园林，巷道绿成荫，村周有林带，村外经济林，现在的西村展现的是一幅和谐、富裕、文明的新画卷。酷暑季节，大量的游客来此避暑，不禁发出“人间仙境何处有，请到西村朝阳沟”的感言。白天，游客们可以爬山、采摘、周边探险；晚上还可以静静地坐在木屋品茶、聊天，微风拂面，抬头仰望天空，仿佛星星触手可及，多么惬意……

2013年4月16日，山西省委书记袁纯清在运城调研，专程前往夏县庙前镇西村，看到这里有山有水有林有产业时，动情地说：“锄头底下也能出黄金，只要善动脑、肯努力，就一定能找到适合自己的致富路，西村过去是全省新农村建设典型，我看现在仍然是美丽山西新农村建设的典型，从西村的今天我们看到了山西农村的明天。”

第二章·谈一谈农村基层党组织党的群众路线教育实践活动

一、农村基层党组织是推进新农村建设的领导核心

刘主任：王支书，听说咱们村党支部2013年被评为先进基层党组织，说明这几年以您为“班长”的村支部在服务群众、为民办事方面干得不错啊！

王支书：嗨，这是基层干部应该做的本职工作。

刘主任：您谦虚了，什么时候都有个先进和落后，这个荣誉来之不易，我们社会主义新农村建设就需要你们这样的好班子和好干部。

王支书：我们每天也在琢磨怎样把基层党组织抓得更好一点，但感觉没有什么太多的思路，今天您正好给咱们讲讲怎样才能把最近中央精神领会好，把今后的工作做得更好。

刘主任：做好基层党组织工作，首先应该正确认识基层党组织在社会主义新农村建设中应该发挥什么样的作用。

王支书：应该发挥什么作用呢？

刘主任：农村发展的快与慢，农村稳定不稳定，直接关系到新农村建设和农村全面小康社会建设能不能成功。而农村基层党组织

在这个过程中起着至关重要的作用。党在农村的路线、方针、政策和决议落实到实际工作中去，变成广大党员和群众的自觉行动，最终要靠农村基层党组织来落实。

王支书：那就是我们常常说“基础不牢，地动山摇”的含义了吧？

刘主任：是这样的。党的基层组织是基层各类组织和各项工作的领导核心，是党的全部工作和战斗力的组织基础，是党联系群众的桥梁和纽带，也是党在基层社会中的战斗堡垒，党的各项工作都要通过基层党组织来落实。

王支书：那我们基层党组织应该在改革创新中做些什么事情呢？

刘主任：党的十八届三中全会提出“创新基层党建工作，健全党的基层组织体系，充分发挥基层党组织的战斗堡垒作用，引导广大党员积极投身改革事业，发扬‘钉钉子’精神，抓铁有痕、踏石留印，为全面深化改革作出积极贡献”。这对基层党组织以及党员干部提出了更加明确的要求，也为我们指明了今后工作的方向。

王支书：基层党组织应该发挥战斗堡垒作用，如何理解这个作用呢？

刘主任：这一作用应该从四个方面来理解。首先，农村基层党组织是农村各类组织和各项工作的领导核心。它承担着组织带领农民群众建设社会主义新农村的重要任务，要按照新农村建设的总体要求，全面推进农村各项建设，认真做好关心群众生产生活的工作，努力培育适应社会主义新农村要求的新型农民，不断提高基层党组织自身建设水平，更好地发挥在社会主义新农村建设中的领导核心作用。

王支书：看来农村基层党组织在农村基层组织中发挥的领导核心作用确实太重要了。

小贴士

农村基层组织指设在镇（办事处）和村一级的各种组织。在乡镇主要有乡镇党委、人大、政府以及各种经济组织、群众组织等，在村主要有村党组织、村民委员会、村集体经济组织、农民专业合作组织以及村团支部、村妇代会、村民兵连等组织。

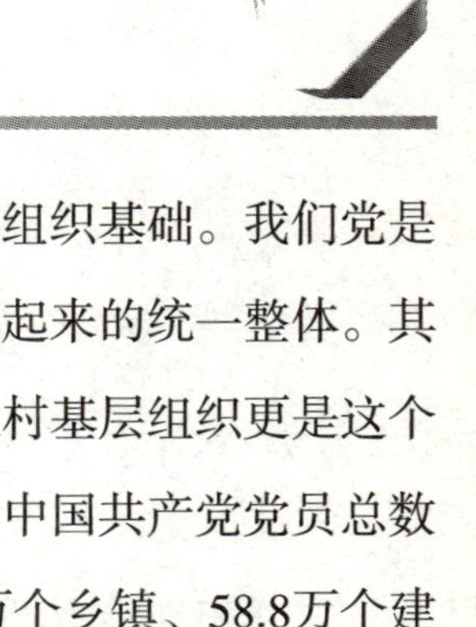

刘主任：其次，农村基层党组织也是党的组织基础。我们党是由中央、地方和基层组织按照民主集中制组织起来的统一整体。其中，党的基层组织是党的组织体系的基础。农村基层组织更是这个基础中不可或缺的组成部分。截至2012年底，中国共产党党员总数为8512.7万名，基层组织420.1万个；全国3.3万个乡镇、58.8万个建制村建立了党组织。正是这些农村基层组织，成为党组织发展壮大从而服务于广大农民的坚实基础。

王支书：高楼万丈平地起，再高的大厦也要建立在坚实的基础之上。基层党组织就应该发挥好自己的作用，为党的发展壮大奠定牢固的基础。

刘主任：农村基层党组织是党在农村工作的基础，是贯彻落实党的方针政策、推进农村改革发展的组织基础，是领导农民群众建设社会主义新农村的核心力量。所以说，推进农村改革发展，关键在党的基层组织。

王支书：听您这样一说，基层党组织在整个党的组织体系中地位相当重要。

刘主任：再次，党的基层组织是党联系群众的桥梁和纽带，是密切党同人民群众血肉联系的直接主体。基层一线是开展群众工作的重要阵地。基层党组织工作内容多、事务杂，每天面对的是广大群众，工作内容涉及老百姓方方面面的利益。尤其是新农村建设涉及面广，关系农民群众的各种切身利益，所以基层党组织建设如何，不仅直接关系到党的形象，甚至关系到党的执政基础牢固与否。

王支书：确实是这样。我记得2012年村里二狗子老婆半夜要生娃，村里没条件只能去县医院生。您也知道咱这村子离县城远，二狗子没办法急着来找我，我赶紧组织几个支委把人送到了县医院才得以顺利生产。以后二狗一家和村委的关系就比以前更加融洽了，村委办个啥事也配合多了。

刘主任：是啊，只要我们党员干部主动为老百姓办实事，解民忧，就能把党群干群关系搞好。还有啊，农村基层党组织也是落实党的农村工作任务的战斗堡垒。党的路线的贯彻执行和党的农村工作任务的完成，都需要党的基层组织发挥战斗堡垒作用。党的战斗力，党的力量，首先表现在400多万个基层党组织的战斗堡垒作用上。没有广大基层党组织战斗力的发挥，全党的战斗力就是空的。农村基层党组织的战斗堡垒作用主要体现在领导农民群众建设繁荣、富裕、民主、文明、和谐的社会主义新农村的过程中。

王支书："火车跑得快，全靠车头带。"农村基层党组织在推进农村发展和新农村建设中确实发挥着领导核心作用，那么在日常工作中应该怎样发挥这种领导核心作用呢？

刘主任：这种领导核心作用应该从农村工作的实际出发，我想大体包括以下几个方面：首先，确保党和国家在农村的路线、方针、政策的贯彻执行，并对本村的重大事情做出决策。农村基层党组织是党在农村全部工作和战斗力的基础，是党的路线、方针、政策的最终贯彻落实者，中央再好的方针、政策，如果没有农村基层党组织的贯彻落实，也是一纸空文。这也是农村基层党组织的重要职责和任务。

王支书：是的。近年来，党中央不断加大对农村的政策、资金等方面的支持力度，新农村建设取得了较大的成就，但中央政策在农村的贯彻落实与老百姓的期待还是有一定的差距，老百姓的满意度还有待进一步提高，这对我们基层党组织也是考验啊。

刘主任：其次，农村党组织是带领农民群众发展农村经济，增加农民收入的发动者和组织者。农村基层党组织只有发挥战斗堡垒作用，才能理出一条好的经济发展思路。作为农村经济发展的领导组织，如果能结合本地实际，因地制宜，规划好切实可行的发展目标，群众就会跟着走、学着干。

王支书：“农村富不富，关键在支部”，也就是这个道理。

刘主任：是的。第三，农村基层党组织是党在农村的象征和“末梢神经”，是党的形象在农村的体现。党的权威在农村发挥得好不好，党的队伍有没有战斗力，关键靠党支部去体现。农村稳定不稳定，也与村支部战斗堡垒作用发挥得好坏有直接关系。

王支书：这就给基层党组织和党员干部提出了明确的要求，我们应该按照中央的精神严格要求，积极发挥党组织和党员干部的引领作用，实现农村的发展、和谐、稳定。

刘主任：最后，农村基层党组织是壮大党的队伍、搞好党的组织建设、思想建设的培训者和实施者。农村基层党组织要不断培养入党积极分子，发展党员，为党的肌体输入新鲜血液，才能使我们的党永葆青春活力。要不断加强组织建设、思想建设，开展形式多样的党的教育活动，才能使支部的战斗堡垒作用和党员的先锋模范作用充分发挥出来。

王支书：听您这么一讲，感觉里面学问可真大。看来，我自己今后还得进一步加强学习。我之前倒是听过这么一句话："抓党建是本职，不抓党建是失职，抓不好党建是不称职。"我们确实应该把加强农村基层党组织建设作为农村工作的首要任务来抓啊。

刘主任：是啊，目前山西省农村基层党组织建设取得了很大成绩，基层党组织的战斗堡垒作用得以充分发挥，在群众中树立了良好的形象，并在进一步深化改革开放和发展社会主义市场经济的新形势下团结带领群众脱贫致富，发展农村经济，积极推进新农村建设。但基层党组织还存在不适应环境和形势的问题，需要在这次教育实践活动中逐步解决。

王支书：嗯，只要我们按照中央、省委的有关精神，把基层党组织建设好，发挥好战斗堡垒作用，社会主义大厦就能根基牢固，"中国梦"就会早日实现。

二、开展党的群众路线教育实践活动的必要性

王支书：2013年下半年以来，中央在全党开展党的群众路线教育实践活动，习近平总书记亲自到河北参加民主生活会，各位中央政治局常委都有联系点。请您讲讲开展这个活动的必要性。

刘主任：我先给您讲一个"耿飚之问"的故事。老一辈革命家耿飚，1991年重返半世纪前战斗过的陇东某县。晚饭后，突然黑压压来了一群"告状"的老百姓，诉说对一些县乡干部的不满。耿飚同志深为痛心。于是他召集省、地、县的干部讲了一件往事，提

了一个问题——50年前，他任副旅长的八路军一二九师三八五旅就驻扎在这里，一个战士损害了当地群众的利益，旅部决定枪毙他。来了一大群老百姓，跪下为这个战士求情。耿飚反复说明八路军的军纪，可老百姓一个也不起来，最后，耿飚只得流泪接受了群众的要求——故事说完了，耿飚激动地大声问道："现在，我要问问今天在座的你们这些人，不管哪一个，如果犯了事，老百姓还会替你们求情吗？！"耿飚一问惊人，全场鸦雀无声……他这一问，问出了几十年来党群关系、干群关系的巨大反差。

王支书：这个故事让人深思啊，看来我们广大党员干部确实需要深刻地反思。

刘主任：是啊，当前由于受各种因素的影响，我们一些党员干部的言行与我们党的宗旨和原则还存在一定差距。历史与现实的这一巨大反差是党的群众路线教育实践活动开展的重要原因之一。党的十八大提出围绕保持党的先进性和纯洁性，在全党深入开展以为民务实清廉为主要内容的党的群众路线教育实践活动，这是新形势下坚持党要管党、从严治党的重大决策，是顺应人民群众期盼、加强学习型、服务型、创新型马克思主义执政党建设的重大部署，是推进中国特色社会主义伟大事业的重大举措。

王支书：也就是说，我们党当前还存在一些与党的宗旨不相符合的地方，我们要通过此次活动来转变思想、改进作风，打牢党的执政基础，巩固党的执政地位。

刘主任：是的。从党的创立到今天，不管是革命、建设还是改革事业的成就都是依靠人民取得的。我们的基本经验是深入群众鱼得水、背离群众树断根。既然群众这么好、这么重要，我们党员干部怎么办；群众有困难，我们党员干部怎么办；群众不满意，我们党员干部怎么办？

王支书：这确实是个发人深省的问题。如何正确对待这“三个怎么办”呢？

刘主任：对于这“三个怎么办”，我们党提出了必须永远坚持群众路线，并且指出群众路线是党的生命线。所以，要围绕保持党的先进性和纯洁性，在全党深入开展以为民务实清廉为主要内容的党的群众路线教育实践活动。所以，深入开展党的群众路线教育实践活动，主要目的是通过活动教育党员干部牢固而持久地树立宗旨意识和马克思主义群众观点，实实在在地改进工作作风，从而赢得人民群众的信任和拥护，使党的执政基础更加坚实，党的执政地位更加巩固。

王支书：这就是党中央开展这项活动的目的？

刘主任：是的。开展这次活动的必要性和重要性我想从三个方面来理解。首先，当前开展群众路线教育实践活动，是实现党的十八大确定的奋斗目标的必然要求。党的十八大报告提出两个百年奋斗目标，一个是在中国共产党成立一百年时全面建成小康社会，一个是在新中国成立一百年时建成富强民主文明和谐的社会主义现代化国家。怎么把这样一个具有划时代意义的党代会精神转化为全国各族人民的共同追求和精神力量？这是贯彻落实十八大精神必须精心研究和认真解决的首要问题。

王支书：对，必须把党的奋斗目标转化为人民群众的自觉行动。

刘主任：这不仅涉及党怎样反映人民诉求和呼声的问题，还涉及怎样把党的意志转化为人民的共识和实际行动的问题。党的七大闭幕时，毛泽东同志对于怎样贯彻好党代会精神讲了“两个觉悟”：一是首先要使先锋队觉悟，下定决心，不怕牺牲，排除万难，去争取胜利；二是要使广大人民群众觉悟，甘心情愿和我们一起奋斗，去争取胜利。为了把党的七大精神转化为广大人民群众“甘心情愿和我们一起奋斗”的共识，他讲了愚公移山的故事，要求广大党员干部用自己的模范行动去感动群众这个上帝。要顺利完成十八大提出的任务，就必须在党与群众之间架起一座沟通的桥梁，使得十八大精神顺利转化为全国各族人民的共识。同时，要求我们更好地密切党与群众的联系，使广大人民群众能够“甘心情愿和我们一起奋斗”。这就需要我们开展党的群众路线教育实践活动，进而凝聚起强大的中国力量。

王支书：是啊，我们共产党员毕竟只占人民群众的一少部分，离开人民群众，我们什么也干不成。

刘主任：其次，开展群众路线教育实践活动是保持党的先进性和纯洁性、巩固党的执政基础和执政地位的必然要求。先进性是我们党的安身立命之本、发展壮大之源、执政兴国之基；纯洁性是马克思主义政党的政治本色。习近平同志说：“保持党的先进性和纯洁性，是我们党在改革开放和社会主义现代化建设进程中应对和经受住各种考验、化解和战胜各种危险的重要法宝。”

王支书：那我们现在党的先进性和纯洁性存在什么问题啊？

刘主任：当前，我们的党员干部队伍总体上是好的。但也毋庸讳言，党内还存在不少问题，影响了党的纯洁性。比如，一些党员干部理想信念动摇，对马克思主义信仰不坚定，对中国特色社会主义缺乏信心；一些党员和党组织党性不纯，纪律涣散，对党的决策部署执行不力，搞“上有政策，下有对策”；一些领导干部为人民服务的宗旨意识淡薄，不讲原则、不负责任，言行不一、弄虚作假，铺张浪费、奢靡享乐，个人主义突出、形式主义泛滥、官僚主义严重；一些部门腐败现象屡禁不止，有的甚至在局部范围内越来越严重……这些问题虽然只存在于少数党员、干部和党组织中，但严重影响党的先进性和纯洁性。

王支书：这说明我们党不仅对自己所面临的形势十分清醒，对自己存在的问题也有十分清醒的认识。

刘主任：是的。针对存在的这些问题，十八大在关于加强党的建设的战略部署中，明确指出我们加强党的建设的主线是“加强党的执政能力建设、先进性建设和纯洁性建设”。同以往相比，这次增加了“纯洁性建设”这一新提法。我们党的最大政治优势是密切联系群众，党执政后的最大危险是脱离群众。历史和现实都充分说明，党群干群关系问题是关系党和国家兴衰存亡的重大问题。习近平总书记指出：“人民群众是共产党存在和发展的基础、力量和智慧的源泉。共产党最基本的一条经验是一刻也不能脱离人民群众。”

王支书：那群众路线教育实践活动又怎么能和巩固党的执政基础和执政地位联系起来呢？

刘主任：“得民心者得天下，失民心者失天下”啊。我们党之所以能取得革命、建设、改革的胜利，靠的就是人民群众的支持。现在，党所处的历史方位发生了深刻变化，这一方面有助于党运用手中掌握的权力更好地实现全心全意为人民服务的根本宗旨，为人民执好政、掌好权；另一方面也使党的干部面临着权力和利益的双重诱惑，导致在某些地方党与群众的关系出现了倒退的现象。尤其是在改革开放和长期执政的条件下，没有了被敌人追剿的危险，没有了离开群众就不能生存的境况，我们一些党员干部慢慢淡化了群众观念，再加上权力本身具有的腐蚀性，使得一些人脱离群众的问题越来越严重。

小贴士

党的历史方位的变化是指党在全国范围执政后，特别是改革开放以来，已经从一个领导人民为夺取全国政权而奋斗的党，发展成为领导人民掌握着全国政权并长期执政的党；从一个在外部封锁和实行计划经济条件下领导国家建设的党，发展成为在对外开放和发展社会主义市场经济条件下领导国家建设的党。

王支书：的确是。当前，一些党员干部脱离群众现象的存在，严重损害了党在人民群众中的形象，严重损害了党群干群关系，所以有必要让我们的广大党员干部继续牢记党的群众观点，坚持群众路线。

刘主任：第三个方面，开展党的群众路线教育实践活动是解决群众反映强烈的突出问题的必然要求。

王支书：群众反映强烈的突出问题有哪些呢？

刘主任：比如说存在有些干部心中没有群众、足迹不到基层、开口全是套话、工作只为领导满意的情况；比如说存在有些干部奢靡享乐、跑官买官、贪污受贿的情况。尽管这在党内不是主流，但这些突出问题，群众意见很大，关系到党的生死存亡，对于执政党来说是实实在在的危险。

王支书：这些问题的实质就是背离党的宗旨，脱离群众。

刘主任：没错。所以我们党必须痛下决心解决脱离群众的问题，提高党联系群众的能力，以巩固党执政的群众基础。十八大强调："为人民服务是党的根本宗旨，以人为本、执政为民是检验党一切执政活动的最高标准。任何时候都要把人民利益放在第一位，始终与人民心连心、同呼吸、共命运，始终依靠人民推动历史前进。"

王支书：听您这么一讲我觉得这次活动确实非常必要，而且意义重大、影响深远。

刘主任：的确如此。深入开展党的群众路线教育实践活动，就是要教育广大党员干部树立马克思主义群众观点，密切党同人民群众的血肉联系，切实解决好党内存在的思想不纯、政治不纯、组织不纯的问题，使我们党获得最广泛、最可靠、最牢固的群众基础，克服前进道路上的各种困难和问题。

三、党的群众路线教育实践活动的原则和目标要求

王支书：开展党的群众路线教育活动意义重大，那么我们基层党员干部怎样才能把中央精神吃准吃透，使这次活动在基层顺利开展呢?

刘主任：首先要明确这次党的群众路线教育实践活动的目标要求和基本原则这些基本的重大问题。只有把握好这些基本问题，活动才能不变形、不走样。

王支书：开展这次活动的目标要求是什么呢?

刘主任：党中央明确指出，这次活动的目标要求是要坚持围绕中心、服务大局，全面贯彻落实党的十八大提出的各项任务要求，把作风建设放在突出位置，以作风建设的新成效凝聚起推动事业发展的强大力量。要落实为民务实清廉的要求，要着力解决突出问题，要牢牢把握基本原则。

王支书：那我们应该怎么理解为民务实清廉这个目标要求呢?

刘主任：第一，为民是党的群众路线的出发点和落脚点。为民反映了我们党的性质和宗旨，共产党全心全意为人民服务就必然执政为民，同时为民也是贯彻科学发展观、以人为本的要求。为民和

依靠人民要紧密地结合起来。第二，务实反映了我们实事求是的思想路线。党的群众工作的路线和实事求是的思想路线是相依为命的，只有务实才能为民。第三，清廉非常重要，它是干部从政的底线，也是人民群众对党的基本要求。党员干部要切实做到在任何时候、任何情况下，都能守得住清贫、耐得住寂寞、经得起诱惑、顶得住歪风、管得住自己。有很多古代的积极思想值得我们汲取，比如“白袍点墨”的故事。所以，为民务实清廉其实就是群众路线的基本内容，同时也是群众反映强烈的问题，所以讲群众路线教育，抓住为民务实清廉就是抓住了牛鼻子。

小贴士

宋朝有个官员叫洪迈，他读过一首诗，大意是一个非常干净的白袍子如果被墨点了一个点，即使用江水整天地洗也洗不干净。所以洪迈得到一个启示，他说：“我的形象我的人格我的人生就像一个白袍，我要非常珍惜，如果我不廉洁染上墨点，一生都洗不干净。”洪迈60年恪守这个原则，做到了为官清正廉洁。

王支书：这次教育实践活动的主要任务聚焦在作风建设。中央为什么要把作风建设提到如此的高度？

刘主任：首先，这是由党风的重要性决定的。党的作风问题关系党的形象，关系人心向背，影响着社会风气，关系党的生死存亡。党风建设是党的建设的一个极其重要的问题。中国共产党在领导中国革命的长期实践中，形成了密切联系群众的优良作风，它是党的三大作风之一，成为我们党有别于其他政党的显著标志。我们党因此获得了人民群众的拥护和支持，保证了革命和建设事业的胜利。

王支书：看来我们党能有今天的巨大成就是与党的优良作风、和谐紧密的党群干群关系密不可分啊。党的作风问题的核心是不是党和人民群众的关系问题？

小贴士

党的三大作风，即理论和实践相结合的作风、和人民群众紧密地联系在一起的作风以及自我批评的作风。三大作风是毛泽东1945年在党的七大政治报告中第一次明确提出来的，并作了全面、深刻的阐述。党的三大作风是无产阶级世界观即辩证唯物主义和历史唯物主义在党内生活和党的工作实践中的具体体现，是中国共产党区别于任何其他政党的显著标志。

刘主任：您说得对。党风的核心是如何处理党群关系，而党群关系的根本是党组织和党员如何对待人民群众的问题。作风也是立场和世界观的问题，有什么样的立场和世界观就会有什么样的作风。抓作风，从根本上说，就是抓对待人民群众的态度。我们必须从这样的高度来抓好这次教育实践活动，最终解决问题。

王支书：良好党风的重要性不言而喻。那么如何才能保证通过这次群众路线教育实践活动使党风切实改进和转变呢？

刘主任：为了使党风能有切实的改进，党中央明确提出教育实践活动全过程始终贯穿“照镜子、正衣冠、洗洗澡、治治病”的总要求。这个总要求立足当前、着眼长远，通俗鲜明、符合实际，具有很强的针对性和指导性。

王支书：那我们应该如何正确理解这几句话呢？

刘主任：“照镜子”即对照党章、对照廉政准则、对照改进作风要求、对照群众期盼、对照先进典型等，在宗旨意识、工作作风、廉洁自律等方面摆问题、找差距、明方向，敢于揭短亮丑。唐贞观年间，直言敢谏的魏徵病逝，唐太宗李世民伤心地说：“以铜为镜，可以正衣冠；以史为镜，可以见兴替；以人为镜，可以知得失。”唐太宗“照镜子”的勇气，恰恰是我们的一些党员领导干部所缺乏的。我们共产党人就是要以党章、以党内的各项法规、以群众的期盼、以先进的典型作

为镜子，认真查摆自己身上的缺点和不足。

王支书：“照镜子”这个说法很形象啊。现在我们党内不少人有的安于现状，自我感觉良好，懒得“照镜子”；有的知错不改，明知自己有问题，害怕“照镜子”；有的打扮自己，只愿看光鲜的一面，化妆后才“照镜子”；有的喜欢拿镜子照别人，认为自己美得不得了，人家都是丑八怪……

刘主任：作为一名真正的共产党人，都应以党章为“镜”，往实处照、往深处照、往细处照，原原本本地照出问题、照出差距、照出不足，自觉加以改正，才能对得起组织，无愧于人民。

王支书：这“照镜子”还是大有学问的。那么如何理解“正衣冠”呢?

刘主任：生活中我们照镜子，要看看衣服是不是穿整齐了、帽子是不是戴正了。如果没有穿整齐就要把衣服理一理、把帽子正一正。“正衣冠”就是要按照为民务实清廉的要求，勇于正视缺点和不足，严明党的纪律特别是政治纪律，敢于触及思想，正视矛盾和问题，改正自身错误，弥补自身缺点，从自己做起，从现在改起，端正行为，树立良好的形象，自觉把党性修养正一正、把党员义务理一理、把党纪国法紧一紧，使自己的言行举止符合群众的意愿，符合党章党纪的规定。

王支书：“洗洗澡”是不是指人的思想要进行经常性的清理，就好比房间器具长时间不打扫，就会覆上一层厚厚的灰。人的思想如果有了污渍不清洗，就有可能出问题。

刘主任：是啊。毛泽东同志在《论联合政府》中写道："房子是应该经常打扫的，不打扫就会积满了灰尘；脸是应该经常洗的，不洗也就会灰尘满面。我们同志的思想，我们党的工作，也会沾染灰尘的，也应该打扫和洗涤。"习近平总书记专门指出："洗洗澡，主要是以整风的精神开展批评和自我批评，深入分析发生问题的原因，清洗思想和行为上的灰尘，保持共产党人政治本色。"

王支书："洗澡"的方法就是开展认真的批评与自我批评。那么"洗澡"要洗掉什么呢？

刘主任："洗洗澡"就是要激浊扬清，荡涤思想和行为上的污垢，使党风、政风为之一新，其关键在于彻底清洗。比如说，党员干部要洗掉头脑中因循守旧、不思进取的旧思想、旧观念，从而保持清醒的头脑；洗掉手上的"贪"字，保持清正廉洁，多为群众办实事，手不乱伸，不去拿不该拿的东西；洗掉脚上的"懒"字，不是成天浮在上面，泡在会议里和文件堆中，而是深入群众。我们基层干部更需要这样。一个思想纯洁清澈的人，行为一定是纯洁清澈的；一个能够时常"洗洗澡"、认真"洗洗澡"的党员干部，才能始终保持党的先进性和纯洁性，才能始终与群众紧密联系在一起，从言行上真正做到全心全意为人民服务。

王支书："治治病"是不是就是处理不合格党员，进行纪律处分或者清除出党？

刘主任：简单地讲是这样的。就是要坚持"惩前毖后、治病救人"的方针，区别情况、对症下药，对作风方面存在问题的党员干部进行教育提醒，对问题严重的进行查处，对不正之风和突出问题进行专门治理。

王支书：看来，贯彻这四条总要求是整个教育实践活动最终取得预期效果的关键所在。

刘主任：是的。只要每一位党员领导干部都能把党的群众路线教育实践活动的总要求深刻领会、认真落实，以直面问题的勇气、认真的态度，切实做到有则改之、无则加勉，我们就能以良好的党风得到人民的拥护。

王支书："照镜子、正衣冠、洗洗澡、治治病"的总要求与为民务实清廉的关系是什么？

刘主任：只要把"照镜子、正衣冠、洗洗澡、治治病"的总要求贯彻落实下去，就可以实现为民务实清廉的目标要求，这两者是内在统一的。前者是方式方法，后者是最终的目的、结果。

王支书：目标要求明确了，那么我们应该通过哪些基本原则和方法来实现这些目标呢？

刘主任：党中央明确提出要牢牢把握正面教育为主、讲求实效、分类指导和领导带头这些基本原则。

王支书：如何理解、把握这些基本原则？

刘主任：坚持正面教育为主就是必须强化理论武装。加强马克思主义群众观点和党的群众路线教育，加强党性党风党纪教育和道德品行教育，引导党员干部坚定理想信念，增强公仆意识，真正做到讲党性、重品行、作表率。

王支书：是啊，教育不是万能的，但是离开教育是万万不能的。群众路线尽管道理很简单，但是要完全把握群众路线、正确坚持群众路线，还必须认真抓好学习教育，提高认识水平。

刘主任：坚持讲求实效就是必须解决实际问题，就是要以整风精神认真开展批评和自我批评，开展积极健康的思想斗争，敢于揭短亮丑，开门搞活动，请群众参与，让群众评判，受群众监督，努力在解决作风不实、不正和行为不廉上取得实效，真正让党员干部思想受到教育、作风得到改进、行为更加规范。

王支书：这也是此次活动的目的所在。

刘主任：坚持分类指导就是要突出重点，就是要根据中央总体要求，结合本单位、本地区实际，找准领导班子和领导干部作风建设特别是“四风”方面存在的突出问题，提出适合各自特点的目标要求和办法措施，充分体现特色，力争解决问题，防止上下一般粗、左右一个样。

王支书：坚持领导带头我懂。

刘主任：坚持领导带头就是领导干部要以身作则，上级带下级、主要领导带班子成员、领导干部带一般干部，要求下级做到的上级首先做到，要求别人做到的自己首先做到，要求别人不做的自己坚决不做，一级抓一级、层层抓落实，以实际行动为干部群众树标杆、作示范。

王支书：听您这么讲解，我对党的群众路线教育实践活动就基本了解了，对下一步开展学习实践活动心里也有底了。我们农村基层党组织也应该根据自身特点严格程序、突出重点，争取尽快解决问题。

四、党的群众路线教育实践活动为什么要聚焦“四风”问题

王支书：中央关于开展党的群众路线教育实践活动重点强调这次活动的主要任务应聚焦到作风建设上，集中解决“四风”问题。这“四风”是哪“四风”？

刘主任：“四风”就是指形式主义、官僚主义、享乐主义和奢靡之风。

王支书：为什么要特别聚焦“四风”问题呢？

刘主任：“四风”是违背我们党的性质和宗旨的，是当前群众深恶痛绝、反映最强烈的问题，也是损害党群干群关系的重要根源。“四风”问题解决好了，党内其他一些问题解决起来也就有了更好条件。面对前所未有的风险和挑战，坚持群众路线，着力解决“四风”问题，对和谐党群干群关系、解决群众反映强烈的突出问题、保持党的先进性和纯洁性、巩固党的执政基础和执政地位都有重要意义。

王支书：在工作生活中，“四风”都有哪些表现呢？

刘主任：“四风”的表现可以说各色各样，首先说形式主义。形式主义是片面追求形式而忽视内容的形而上学观点、方法和作风。主要表现就是热衷于搞形式、讲排场、走过场，以会议落实会

议，以文件落实文件，文山会海、华而不实，工作漂浮、不求实效，严重的甚至架空党和国家的路线方针政策，无形之中也助长了浮躁之风；形式主义热衷于搞政绩工程、形象工程、面子工程，表面上轰轰烈烈、兴师动众，实际上弄虚作假、劳民伤财，严重侵犯广大人民群众的利益。

王支书：这也就是热衷于作秀，表面上深入群众、关心群众，实际上只联系领导、关心自己，表面上是亲民形象，其实是捞取政治资本。那官僚主义有哪些表现？

刘主任：官僚主义是脱离实际、脱离群众的老爷思想和领导作风。官僚主义引发形式主义，形式主义助长官僚主义。官僚主义主要表现为脱离实际、不深入基层、不了解实际，自以为是、自命不凡，违反客观规律，胡乱决策、盲目蛮干，严重损害党在人民群众中的形象；官僚主义脱离群众、高高在上、官气十足，不相信群众、不关心群众疾苦，甚至为了地方或者自己利益，欺上瞒下、欺压群众，严重损害了党群干群关系；官僚主义脱离组织、理想信念动摇、组织观念淡薄，大搞个人主义、排斥和打击不同意见、任人唯亲，破坏党的民主集中制原则，助长各种不正之风与消极腐败。

王支书：那形式主义和官僚主义的后果是不是就是享乐主义和奢靡之风？

刘主任：是的。享乐主义是一种追求快感、及时行乐的庸俗哲学和行为取向，奢靡之风其实是享乐主义的具体体现。享乐主义者价值扭曲、思想空虚、精神懈怠、贪图安逸、不思进取，严重损害

党的先进性和纯洁性，侵蚀党群干群关系的基础；享乐主义者滥用职权、浪费公款、损公肥私、及时行乐，严重浪费公共资源；享乐主义者忘记党的勤俭节约、艰苦奋斗优良传统，比待遇、讲排场，大搞特权、大兴土木、大搞会议庆典，引起广大人民群众的强烈不满；享乐主义者忙于迎来送往，陷入声色犬马，腐化堕落，甚至为了满足自己的腐朽生活，不惜以权谋私，严重破坏党和国家的形象，带坏党风政风和社会风气。

王支书：看来这“四风”的危害是相当严重的。这也是中央特别重视反对“四风”的原因吧?

刘主任：是的。“四风” 问题具有普遍性和直观性。说它是普遍的，以形式主义、官僚主义为例，这个不是我们共产党执政才有，应该讲在古今中外的阶级社会中，官僚主义和形式主义始终是形影不离、相伴而生的一种普遍存在。但是，作为共产党、共产党领导的人民国家政权，应该尽最大努力减少这种现象。

王支书： “四风”的直观性怎样理解?

刘主任："四风"具有直观性。党的作风，就是党组织、党员领导干部一贯的态度和行为表现。通过表现反映出人的内在的精神境界和人格品质。官僚主义、形式主义，就是一种非常明显的外在表现，很可能在和公职人员或者某个部门打交道的时候都会接触到这种现象。办事推诿、打官腔，或者拖得很久才给你解决、动不动就研究研究，等等，这都属于官僚主义、形式主义的不正之风。

王支书：原来老百姓和领导干部打交道时感受到的这些不好的作风就是官僚主义、形式主义。

刘主任：是啊。我们切实感觉到这种直观性影响到群众对党的性质、对国家政权的判断。因为老百姓绝不会拿着党章、拿着宪法来研究你是什么性质的党、研究你是什么性质的政权，他就是通过身边党员领导干部的行为来判断你，根据你的政策是否代表他的利益来判断党和国家政权的性质和利益。

王支书：这"四风"确实影响老百姓对党的性质和国家政权的判断，是该好好治理治理了。

刘主任：这次群众路线教育实践活动把重心放在"四风"问题上，是因为党风问题的核心就是党群关系。民为国之本，国以民而存。我们党的干部，不论地位有多高、权力有多大，都是人民的勤务员，这是我们党的性质所决定的。因此，我们每一名党员干部都应该牢记全心全意为人民服务的宗旨，真正把人民群众看成自己的亲人，遇事多站在他们的角度看问题，多替他们着想，多为他们说话。就像一位老革命说的那样："关爱群众犹如关爱自己的眼睛，依靠人民犹如依靠自己的父母兄弟姐妹一样。”只有拿群众当亲人，才能对群众用真情，工作才会充满激情；只有拿群众当亲人，才能逐步消除与群众的隔阂，逐步修复与群众的血肉联系，使人民群众始终团结在党的周围。“四风”问题本质上是背离我们党的为人民服务的宗旨和原则的，它可能会使得党的群众路线在实践中无法落实、恶化党群关系，它是损害党群干群关系的重要根源。

小贴士

党的作风即党风，是党的无产阶级性质和世界观在党的工作与活动中的表现，是全党包括党的各级组织和党员个人在政治、思想、组织、工作、生活等方面体现党性原则的一贯的态度和行为。党风的内容集中表现在五个方面：理论联系实际的作风，密切联系群众的作风，批评与自我批评的作风，谦虚谨慎、艰苦奋斗的作风和民主集中制的作风。

王支书：看来反对“四风”是严肃党风党纪，搞好党群干群关系，走好群众路线的关键。那么如何解决“四风”突出问题呢？

刘主任：要认真梳理“四风”问题的具体表现，抓住主要矛盾来解决突出问题。领导干部尤其要做反对“四风”的表率，带头对照群众的意见、按照群众的要求进行查找整改，确保取得群众满意的成效。

王支书：如何反对形式主义？

刘主任：反对形式主义，就要大兴求真务实之风。形式主义的表现是工作漂浮、贪图虚名、投机取巧、不求实效。当前，部分基层党员干部好大喜功，喜欢弄虚作假、欺上瞒下，喜欢搞花架子，善于装门面，愿意做表面文章。

王支书：这些问题无形中增加了群众的负担，引起群众的反感，伤害群众的感情，削弱了党在人民心中的威信。

刘主任：基层党组织要从本地区、本部门实际出发，要一步一个脚印，力求抓到点子上、干到关键处，想群众之所想、急群众之所急、办群众之所盼，说一句算一句、办一件成一件。把形式主义的问题解决好，为民务实清廉的优良作风才能真正得到发扬。

王支书：如何反对官僚主义？

刘主任：反对官僚主义，就要大兴联系群众之风。官僚主义表现在脱离群众、脱离实际、高高在上、不关心百姓疾苦、以“官老爷”自居、公仆意识淡薄，等等。部分基层党员干部对群众的冷暖安危漠不关心，无所作为；遇事推诿，办事拖拉，喜欢掩盖基层矛盾和群众困难。密切联系群众，是我们党不断取得成功的保障。基层党组织建立在社会最底层，便于倾听群众呼声，掌握群众思想，了解群众情绪，熟知群众生活状况，要做好我们党密切联系群众的先锋。把官僚主义的问题解决好，我们党才能真正牢牢扎根于人民群众之中。

王支书：怎样反对享乐主义？

刘主任：反对享乐主义，就要大兴艰苦奋斗之风。享乐主义主要表现在追求个人的物质享受、贪污受贿、道德沦丧、腐化堕落。少数基层党员干部理想信念动摇，把人生的最高目标和全部意义都放在追求和满足个人享受上，不愿意再过艰苦的生活，一味追求个人享受，喜欢歌舞升平、纸醉金迷的生活，甚至发展到贪污受贿。基层党组织要带头坚持中央的“八项规定”，大兴艰苦奋斗之风，保持共产党员先进性和纯洁性，始终追求崇高的人生目标和健康的生活情趣。把享乐主义的问题解决好，党和人民群众之间才能真正保持鱼水关系。

王支书：如何反对奢靡之风？

刘主任：反对奢靡之风，就要大兴勤俭节约之风。奢靡之风主要体现为奢靡浪费、炫耀攀比、消极腐败，等等。随着经济社会的不断发展，一些基层组织频繁举办大型庆典、盛会等活动，吃得越来越精、住得越来越好、场面越来越大，铺张浪费严重。奢靡之风不但腐蚀人的心灵，导致社会财富的极大浪费，还会造成社会仇富心态的发酵，引发各种社会矛盾。基层党组织要大力营造节约光荣、浪费可耻的氛围，居安思危，摒弃奢侈浪费，让勤俭蔚然成风。把奢靡之风的问题解决好，人民群众才能真正从心底里支持和拥护我们党。

五、农村基层党组织在党的群众路线教育实践活动中应该重点解决哪些问题

王支书：我们农村基层工作千头万绪、内容复杂，开展党的群众路线教育实践活动，应该从哪里入手、重点解决哪些问题？

刘主任：群众路线是我们党的根本工作路线，全心全意为人民服务是我们党的根本宗旨。党的基层干部是党的群众路线的直接执行者，直接面对广大的基层群众。因此，这次群众路线教育实践活动明确要求各级党组织尤其是基层党组织应该着力解决人民群众反映强烈的突出问题，走好群众路线，开展好党的群众路线教育实践活动。

王支书：我们邻村老张以前当过村主任，今年50多岁，身体也比较健康。有两个女儿，一个嫁人了，一个在公费读研。老张本人卖保险，土地全部流转给别人，家庭条件在村庄中属于中上等层次，却利用关系给自己申请了低保。像他这样不具备申请低保资格的党员，村里还有五六个。对此，老百姓意见很大，造成干群关系的紧张。我看这就是群众反映强烈的问题。

刘主任：这肯定是。群众反映强烈的突出问题，也是群众最关心、最直接、最现实的切身利益问题，也是我们开展这次活动要重点解决的主要问题。

王支书：请您再给总结一下老百姓反映强烈的问题还有哪些方面？

刘主任：首要的问题是少数农村党员理想信念淡薄、宗旨意识

弱化、先锋模范作用发挥不好的问题。一小部分党员的先进性发挥得不好，宗旨意识和理想信念弱化，党员意识有所退化，只顾个人小家庭，对国家和集体的事不管不问，有的甚至热衷于宗教迷信和各类赌博活动。

王支书：是啊，有的党员干部淡化了对党的朴素情感，认为当党员吃亏，把自己混同于一般群众，甚至还不如普通群众，根本起不到模范带头作用，这种干部在我们身边还是存在的。

刘主任：还有少数党员受拜金主义和享乐主义的影响，甚至以权谋私，比如村里的低保名额不是给最需要的人，而是按与其亲疏远近、关系好坏来定，极个别者甚至侵吞上级给的扶贫、救济款项，这些都给农村基层党组织在群众中的形象造成了极大的损害。这些干部以权谋私、办事不公，也是我们农村基层党群干群关系紧张、情绪对立的重要原因。

王支书：当下确实存在群众认为干部不像话、干部认为群众不听话，群众不信任干部、干部看不起群众等现象。这些现象的确需要我们基层干部从思想深处反思反思。

刘主任：还有个别党支部组织生活不健全，组织制度得不到很好的落实。个别党支部活动次数少、间隔周期长；有的党支部不能把上级布置的党建工作任务作为推动工作的动力及有利条件，反而当成工作负担，把开展组织活动仅限于传达上级文件和精神、读书读报，不能把开展活动与本村的改革与发展有机结合起来深入讨论，解决实际问题，学习缺乏针对性、目的性，学习深度不够；有的党支部组织活动变成了业务工作会，失去了应有的政治性、思想性和严肃性。这些现象严重影响和制约了农村基层党组织建设，也影响了农村基层党组织战斗堡垒作用的发挥。

王支书：我们这儿有些村党组织开展经常性的活动确实少，对党员的教育和管理也放松了，导致有的党员党性观念淡薄，不愿过组织生活。像我们乡有的村子一年开一两次党员大会，人也到不齐，我看这是一些基层党组织软弱涣散、服务意识差的重要原因。

刘主任：您说得对。还有的少数基层党组织缺乏凝聚力、号召力和战斗力，缺乏干事创业的信心和勇气，缺乏带领群众共同致富的精神和能力，不能充分发挥应有的作用；还有部分党支部班子不团结，尤其是个别村“两委”班子不协调，各唱各的调，甚至互相拆台，使党在农村的路线方针政策不能得到有效的贯彻和落实，损害了党组织和党员队伍在群众中的形象。

王支书：看来党的群众路线教育活动在基层的开展相当必要，正当其时呀！

刘主任：还有就是部分基层党组织班子事业心不强、责任目标不明。农村基层党组织是党在农村全部工作和战斗力的基础，肩负着贯彻党的路线方针政策的重要职责，直接关系到一个村经济的发展和群众的稳定。个别党支部成员尤其是支部书记事业心不强、素质能力较差，加上责任目标不明，没有树立起干好党的事业、做好群众工作的事业心和责任感，政治上不思进取，工作上被动应付，没有干一番事业的精神，工作散漫，带头致富更无从谈起。党员群众对这样的干部极不满意。

王支书：老乡富不富，关键看支部。看来支部班子尤其是支部书记的作用相当关键。像我这样的农村支部书记可得认清自己的角色，发挥好带头人、领路人的作用。

刘主任：您可说到了点子上了。我看你们村在这方面搞得挺不错。

王支书：过奖了。我们支部成员心往一处想、劲往一处使，把带领群众致富、服务老百姓当作自己的分内事，这样工作就好开展，群众就会满意。

刘主任：班子团结、为民着想是好事。不过我还得提个醒，要把工作做好，除有好的愿望之外，还得注意工作方法。现在随着农村基层民主政治建设的推进，农民的民主意识、法制意识、政治参与热情增强，但有些基层党组织还没有完全摆脱传统的管理理念和工作方式，长期在“老办法不能用、硬办法不敢用、新办法不会用”中徘徊，在解决事关群众切身利益问题、事关农村发展大局问题等方面缺乏足够的能力，影响和制约了农村经济社会的发展，老百姓的满意度也就不高。

王支书：确实有一些基层干部习惯于发号施令，没有让农民群众真正成为农村社会管理的主人，村民对于集体事务的热情和积极性受到影响。请您再帮助分析一下产生这些问题的原因吧，原因找准了，改进就更有把握了。

刘主任：这些问题的产生原因是复杂的、多方面的，既有经济和社会发展方面的客观原因，也有党组织和党员队伍自身方面的主观原因。首先是基层党员教育跟不上，致使农村党组织的凝聚力大大下降。市场经济对农村党员尤其是广大农民的思想价值观念和道德文化水准产生了一些负面的影响，特别是少数富裕起来的农民集体观念淡薄、精神生活空虚，加之许多基层党组织民主生活会基本开成了工作会，缺乏有效的批评与自我批评，致使基层党组织缺乏思想和信念上的凝聚力，造成党支部人心涣散。

王支书：现在包括党员干部在内的老百姓都把大部分精力放在了发展经济上，对组织生活确实不如以前抓得紧了。

刘主任：其次的问题是基层党员整体素质不高，制约了农村党组织战斗力的发挥。农村党员干部普遍存在“三偏”现象：一是文化水平偏低，许多农村党员只有小学或初中文化，具有高中或中专文化程度的很少；二是年龄普遍偏大；三是专业技能偏少，相当一部分农村党员无一技之长，少数党员甚至自己生产生活都成问题，更谈不上发挥模范带头作用了。

王支书：一些年轻人理论水平、文化素质、技术能力和生机活力等方面有优势，如果能把这些新鲜血液补充进来，我们党组织的活力就会增强。但现在农村大多数青年都常年在外打工，这就造成我们农村基层党组织吸收党员困难，党组织缺乏活力。

刘主任：是的。和您刚才讲的这个问题相关的是农村党员外出流动多，管理难度加大。随着城乡经济的发展，劳动力转移步伐越来越快，而党员是村民中素质较高、经济活动能力较强的群体，他们的流动更加频繁。农村党员大量外出，增加了平常教育管理的难度。组织生活的不正常影响了党支部的凝聚力和向心力。

王支书：看来农村流动党员的日常管理和教育也是我们今后工作中要解决的重点问题。

小贴士

中国共产党流动党员是指离开本单位或居住地党组织外出务工经商或从事其他正当职业，无固定地点或无法转移组织关系的中共党员；外地或者外单位流入本地或本单位未转移组织关系的中共党员。加强和改进流动党员管理工作的主要原则有：

1. 坚持以流入地党组织为主、流出地和流入地党组织共同管理。构建流出地与流入地党组织密切配合、有机衔接的流动党员管理机制。

2. 坚持区别情况、动态管理。根据流动党员的分布状况、职业特点和居住地点等情况，采取单位管理、行业管理和社区管理等多种方式，努力做到党员流动到哪里，党组织的管理就覆盖到哪里。

3. 坚持教育、管理与服务相结合。强化服务意识，寓教育、管理于服务之中，增强流动党员的党性观念、组织观念和光荣感、归属感与责任感。

刘主任：第三个问题是农村干部报酬偏低。农村干部承担大量的工作，而所得的报酬却偏低。近年来虽然多次提高村干部的待遇，但物价上涨，报酬涨幅又偏低，待遇偏低在很大程度上影响了村干部的工作积极性。

王支书：由于待遇低，许多农村优秀青年宁可外出打工，也不愿在家给村里做工作，这同时也给农村入党积极分子的培养工作增加了难度，出现了党员难发展、村干部难选的局面。

刘主任：不过现在情况不一样了。为了激发农村干部党员干事创业的热情，使广大农村干部安心扎根基层，中央正在全国推广“一定三有”工作机制，我们省也制定了相应的政策和规定。

小贴士

“一定三有”制度首创于河北省。“一定”是定职责立规范，“三有”即工作有合理待遇、干好有发展前途、退后有一定保障。通过建立“一定三有”制度较好地解决了村干部队伍人心不稳、动力不足和后继乏人的问题，激发了村干部工作的积极性。

王支书：这个咱们已经开始实施了。应该说，给我们农村的党员干部吃了个定心丸，以后农村党组织开展工作就会更有劲头。

刘主任：第四个问题是农村集体经济薄弱，制约了农村许多重要工作的开展。由于集体经济相对薄弱，党支部缺乏带领群众脱贫致富的必要物质条件，修桥、铺路等社会公益事业，以及许多重要工作难以开展，也使得党组织在群众中的威信大受影响。这一点在自然条件差、人口稀少且居住分散的村表现得更突出。

王支书：除了上面您讲到的，我觉得我们农村党组织在干部考核、日常管理方面对群众意见的重视程度还不够。比如与上级的意见相比，老百姓的意见对于干部的影响来说还是不够的。

刘主任：确实是。这与我们的群众监督、党内监督、舆论监督等对“两委”的监督还不太令人满意直接相关。这也是一些农村基层干部办事不公、老百姓有意见的根本原因。这就要求我们今后必须加大工作透明度，走群众路线，让老百姓能确确实实地监督党员干部。

王支书：这也要求我们基层一线的党员干部必须要深入群众中间，多倾听群众呼声，多关心群众疾苦，多帮助群众解决生产、生活中的实际困难，让群众办事更加便利、得到更多实惠、切实感受到党的温暖。

刘主任：所以农村基层党组织一定要搞好这次党的群众路线教育实践活动，要加强党性教育，密切联系群众，

切切实实为老百姓解决实际问题，这是今后工作的重中之重，也是这次群众路线教育实践活动的出发点和落脚点。

六、党的群众路线教育实践活动的三个环节分别是什么

王支书：这次党的群众路线教育实践活动具体怎么开展啊，有没有步骤方面的要求呢？

刘主任：当然有了。按照中央统一部署，这次党的群众路线教育实践活动共分为三个环节，即学习教育、听取意见是第一环节；查摆问题、开展批评是第二环节；整改落实、建章立制是第三环节，也是最后一个环节。

王支书：这三个环节之间是什么关系？

刘主任：简单地说，学习教育、听取意见是基础，查摆问题、开展批评是关键，整改落实、建章立制是根本。教育实践活动的三个环节相辅相承、环环相扣。通过学习教育、听取意见，掌握思想武器，掌握改进提高的参考标准；通过查摆问题、开展批评，找根源、触灵魂；通过整改落实、建章立制，出实招、见实效，抓根本、管长远。三个环节是一个有机整体，贯穿于教育实践活动的全过程，相互联系、相互促进。

王支书：我感觉这就像一个病人去看医生，医生首先检查病人的身体，确定有什么病，然后分析生病的原因，最后根据病因对症下药去治病，也就是人们常说的“三部曲”吧！

刘主任：您说得很形象，可以这样理解。这三个环节也是确保

教育实践活动不走过场、真正收到成效、落到实处的重要保障。

王支书：第一个环节是学习教育、听取意见阶段，那么应该学什么、如何学？听谁的意见、如何听？

刘主任：这个问题问得好。只有把这个环节的这些主要问题搞清楚了，才能为后面的环节打好基础。先来说说学什么、如何学的问题。首先要认认真真学习中国特色社会主义理论体系，学习党章和党的十八大报告和十八届三中全会决定，学习习近平总书记系列重要讲话精神，学习党的群众路线教育实践活动工作会议和中央政治局专门会议精神。

王支书：通过学习要达到什么目的？

刘主任：要通过认真学习、深入思考、广泛交流，学深吃透中央精神，把宗旨意识、群众路线装到心里去；深刻认识开展教育实践活动的重大意义和目标要求，深刻理解马克思主义群众观点的基本内容和党的群众路线的深刻内涵，打牢转变作风的思想基础。

王支书：只有这样，党的群众路线才能在党员干部中深深扎根，使践行党的为人民服务的根本宗旨成为广大党员干部的自觉行动，从而改善党群干群关系，增强新形势下我们党员干部做好群众工作的能力。

刘主任：您说得对！

王支书：那接下来应该怎么学？

刘主任：这就是学习方式方法的问题了。各单位和部门根据自身实际情况可以采取个人自学、专家导学、集中学习、专题讨论等形式，扎实抓好学习宣传和思想教育工作，着力提高学习教育效果，使全体党员普遍受到一次马克思主义群众观点和党的群众路线教育。不管怎样学，最终以达到目的为原则。

王支书：那么我们农村党组织除了学习中央精神以外，还应该学习什么？

刘主任：这就要根据咱们的实际情况来听取群众意见。像您这样的支部领导不仅要带头学习，还要带头围绕反对“四风”，广泛听取意见建议，通过“四问”，为对照检查、开展批评和解决问题打好基础。

小贴士

“四问”，即问作风方面的差距、问困难群众的诉求、问为民服务的举措、问加快发展的良策。

王支书：那么如何把听取意见这个环节搞好呢？

刘主任：听取群众意见，首先要有正确的态度。不能做“缸里的葫芦”，看似沉在下面，实际上还是浮在面上。就像毛泽东同志说的那样，要有甘当小学生的精神，开门搞活动，一竿子插到底，在广泛听取基层群众对“四风”问题的意见中，收集真意见，发现真问题。

王支书：我们农村基层党员干部就得端正态度、摆正位置，放下架子真听，思想上、行动上充分尊重群众、相信群众，真心实意、公正平等地听取意见，让群众直言不讳、畅所欲言，从而收集到货真价实的意见。

刘主任：您说的这些其实就是征求群众意见要坚持全面、客观、公正的原则，尤其是让群众首先了解我们所做的工作，增加开展工作的知晓度和透明度，同时创新形式，既采取面对面听取意见，又要背对背征求意见，还要从各个侧面多方面多渠道地广泛征求意见，尤其是征求服务对象的意见，了解掌握真实情况。同时扩大被征求意见群众的覆盖面。

王支书：这就不能局限于“部分群众”“少数代表”。以前搞类似的活动征求群众意见范围太小，不太能全面反映群众的真实意见。

刘主任：是啊，通过正确的方式方法，广泛全面地听取服务对象的意见，把学习教育与听取意见结合起来，在学习教育的基础上听取意见，在听取意见中深化和提升学习教育的效果，找到问题产生的症结，明确努力改进的方向，才能不断增进党群干群关系，逐步化解社会矛盾，最终促进社会和谐。

王支书：学习教育、听取意见之后就是查摆问题、开展批评，我们应该如何认识这个环节？

刘主任：查摆问题、开展批评环节处于整个教育实践活动三个环节的中间段，是个承前启后的关键环节。它既是第一环节的延伸和接续，是对第一环节学习教育、听取意见工作成果的检验和巩固，又是为第三环节整改落实、建章立制工作奠定基础、找准目标。因此，第二环节对确保这次教育实践活动取得实效至关重要。

王支书：那么这个关键环节该如何开展呢？

刘主任：首先查找突出问题。重点是围绕为民务实清廉的要求，通过自己“剖”、组织“点”、群众“提”、同事“帮”、集体“议”等方式认真查摆“四风”方面存在的问题，尤其要从关系群众切身利益的问题中查找“四风”问题。这是这一环节首要解决的问题。

王支书：要是找不出问题怎么办？

刘主任：找不出问题本身就是问题。广大党员干部要有抛开面子、揭短亮丑的勇气，以动真碰硬、敢于交锋的精神，以深挖根源、触动灵魂的态度，以整风的精神认真开展批评与自我批评；要通过教育实践活动，真正让党员干部“红红脸、出出汗、排排毒”，以达到祛歪风、压邪气，树新风、扬正气的目的。

王支书：看来要想“治治病”，就得先“红红脸”“出出汗”。

刘主任：第二步要认真撰写对照检查材料。班子领导和成员都要根据自身存在的“四风”问题详细列出具体表现，班子还要把典型事例列举出来。还必须从理想信念、政治意识、党性修养等方面深刻剖析问题的根源，明确整改方向和具体措施。

王支书：对照检查材料是我们党组织和党员干部对党和自己的

一个交代，更是对老百姓的交代。

刘主任：作为支部书记，应该带头主持撰写村支部班子的对照检查材料，并在村里党员中征求意见，把班子和班子成员在党风方面存在的问题做一个深刻的总结和剖析，确实起到“红红脸、出出汗、排排毒”的作用。

王支书：接下来就是开民主生活会。

刘主任：各个班子和支部都要组织开好专题民主生活会或组织生活会。会前要谈心，会上要以认真严肃的态度开展批评与自我批评，实事求是地揭短亮丑，动真碰硬，实现团结同志、解决问题的目的。

王支书：再下来是整改落实、建章立制环节。

刘主任：这一环节是教育实践活动的最后一个环节，也是关键环节，是整个教育实践活动的重点也是难点所在，更是对我们党改进作风的一个检验。作风建设只有起点，没有终点。党的群众路线教育实践活动要取得实效，就要紧紧抓住整改落实、建章立制这一环节，实现作风建设的常态化和长效化。

王支书：过去，一些地方和单位之所以存在“作风问题年年讲、年年都是老问题”的现象，就是因为没有做好建章立制的工作，使“四风”问题一再卷土重来。

刘主任：是啊，改作风如果总是“光打雷不下雨”或者“雨过地皮湿”，就会成为新的形式主义，就会失信于民。要使从群众那里得来的宝贵意见落到实处，就得靠制度建设，首先要集中整改，在此基础上建章立制。

王支书：确保教育实践活动不虚、不空、不偏，取得群众满意的成效，既是党中央的要求，也是我们老百姓的期望。那么如何集中整改呢？

刘主任：抓好集中整改，要坚持突出抓重点，以“四风”特别是基层和人民群众反映强烈的、各级党组织和党员队伍中存在的问题为重点，一项一项整改，一个一个突破；要坚持正风肃纪抓整改，下决心、使长劲、用真功狠刹歪风邪气，弘扬新风正气；要坚持敞开大门抓整改，整改情况要及时向党员、群众通报，整改工作全过程置于群众监督之下，让群众评判，使群众满意；要坚持深化改革抓整改，结合学习贯彻十八届三中全会精神，从源头上推动解决“四风”问题。

王支书：通过这样的方式和手段，集中整改一定能取得好的效

果。但是怎么样才能保证这些整改成果能够坚持下去呢？

刘主任：为了落实巩固整改成果，就要积极推进制度机制建设工作。要通过建章立制来落实这些整改成果，推动改进工作作风，使密切联系群众制度化、常态化、长效化。围绕解决“四风”方面的突出问题，把握制度建设的工作重点，认真梳理已有制度，做好废、改、立工作；按照为民务实清廉要求，抓紧建立健全学习教育机制、民主决策机制、服务群众机制、执法监督机制、务实创新机制、清廉自律机制等基本制度，以刚性的制度约束干部行为；加大群众对干部和权力的监督，让权力在阳光下运行。这些都是确保制度落到实处的重要保证。

王支书：有了这样的制度建设，就给干部思想上戴上了“紧箍咒”，行为上规定了硬框框。我想通过这次活动的开展，农村基层党员干部为老百姓服务的愿望和能力就会比以前更强了，干部和群众的心就会贴得更近了，我们农村人奔小康的劲头就会更足了。

刘主任：是啊，开展党的群众路线教育实践活动就是要让群众看到变化、增强信心，让干部得到锤炼、提高能力，切实用实实在在的成效取信于民，确保作风问题不反弹、不反复。

延伸阅读

段爱平，襄垣县王桥镇返底村党支部书记、村委会主任。先后荣获“山西省小康路上好村官”“长治市优秀村委主任”“襄垣县劳动模范”“长治市百佳党支部书记”“山西省十佳最美村官”“全国十佳最美村官”“2013年度感动山西十大人物”和“2013年度感动中国十大人物”等荣誉称号。

段爱平5岁丧父，7岁拾柴换钱，11岁养父胃癌去世，12岁串村卖烧饼，18岁嫁给比她大10岁的老公。日子虽苦，但聪明、勤奋的她靠着自己的努力，生活渐见起色。1998年，她靠着向本家弟弟借来的3000元做起了贩卖焦炭的生意。两年下来赚了几十万，成了村里先富起来的人。1999年，她以超过90%的得票率，高票当选为返底村第一位女村委主任。从此，她便踏上了为民谋福之路，也走上了与病魔抗争的苦难征程。

2000年春节刚过，她便拿出8万元，开始筹备为村里的孩子们新建学校。然而，就在学校正式开工前，厄运却开始缠上了她。她开始吃不下饭，肚子疼得厉害了，她就大把地吃止疼药。即使这样，她还是待在工地上。直到疼得在床上打滚，女儿才硬把她拽到长治市和平医院，一检查才发现胆管已经被小米粒大的结石塞得满满的，需要马上进行手术切除胆囊。手术前，需要输三天液消炎，可是医生和儿女们好说歹说，她就是不答应住院，最后只能让她把消炎药带回家。她说：“白天我还要在工地上指挥，晚上回家输液就行了。”当天下午，她又捂着肚子出现在了工地上。第四天一大早，孩子们把她送进手术室。在医院住了不到一周，手术缝合的线还没拆，她再一次捂着肚子回到工地。看到这样的情景，很多村民忍不住掉下眼泪，哭着劝她回医院。她虚弱地笑着说：“我只有看着他们干活才放心。”当年10月28日，新学校剪彩后，她在孩子们的簇拥下走进崭新的教室。这是她44年人生中第一次走入教室，那一刻，她再一次因为学校而流泪。不过，这一次，她流下的是幸福的泪水。

2003年，段爱平的丈夫因晚期肺癌撒手人寰。弥留之际，丈夫拉着她的手说："别干了，我走了没人给你做主，净剩吃苦了！" 2006年正月的一天，她在院子里摔倒，儿女们又拽着她到医院检查，诊断结果是"食道癌"！儿女们决定瞒着她，可她隐约地感觉到自己得的是不治之症。她说："孩子们还骗我说是食道增生，我虽然没念过书，但是我也知道自己得了什么病。人总要死，我不怕死，只是村里的老百姓还等着我。" 2011年，受尽病痛折磨的她并没有得到上天的怜悯。癌细胞转移，她又患上淋巴癌。这个病需要烤电，她舍不得用248元一管的药膏保护皮肤，决定硬扛。烤到第20次，脖子上的皮肤就卷了起来，露出里面的红肉。烤伤比普通的烧伤更加严重，需要每天给伤口涂药，以免伤口化脓。一个多月的时间里，大女儿每天要给母亲涂两三次药。对她来说，这是一种残酷的折磨。大女儿说："棉棒挨住肉的时候，我都能看见肉在颤抖，可是我妈却咬着牙哼都不哼一声。她很少哭，我却忍不住，搽一次药哭一次。"

从胆结石、食管癌、类风湿到淋巴癌，段爱平仍然放不下的是她的村民、她的工作。她不顾个人安危，强忍病痛跑东忙西，带领村民完成了自来水入户、村庄绿化、街巷硬化、河道治理。2013年夏天病情严重时，她还冒雨查访灾情、帮助村民搬家避险，结果自已家的窑洞反而被大水冲垮了，她也晕倒在工作岗位上。村民说她是“一不要命，二不要钱，三不要家”。她自己文化程度不高，但用心学习掌握国家政策，采取“公司+农户”模式，积极引导村民大力发展养殖、中药材种植、干果经济林产业，借钱扶持村民搞运输，千方百计输出劳动力，实现了户户有活干、家家有钱赚，带领返底村摆脱了昔日的贫困面貌，走上了小康之路，村民人均纯收入从2000元提升到了现在的7500多元。她的拼命精神也打动着村民，赢得了广泛的信任和支持。在她住院期间，村民们都惦记着段爱平，每天都有人给她打电话，问她好点没有，让她不要担心村里的事情。还有一些村民骑着摩托车、坐着公交车，赶半个多小时路到医院看她，和她说上两句话，才能放心。

“你把你的心给了他们，他们也会把心给你。”这句朴实至极的话，是段爱平对自己15年的工作总结，更是一位“最美村官”践行党的群众路线最真实的心声。

第三章·谈一谈怎样发挥基层党组织在全面深化改革中的战斗堡垒作用

一、按好干部的标准要求自己

王支书：记得曾经看过一期《焦点访谈》：2013年11月，温州市平阳县腾蛟镇，上千名乡亲自发守候在道路两旁，含泪送别两位他们身边的基层干部。大家打出了“好村长一路走好”“英雄一路走好”的横幅，一路跟随着灵车，夹道送行。他们眼中的英雄就是青湾村村主任蔡福想和带溪社区书记王青意。蔡福想52岁，王青意刚满36岁，他们因为救人献出了生命，那么年轻，太可惜了。

刘主任：那个事情我也看到了，的确非常感人。咱们山西省的基层也有很多这样的好干部，比如说朔州市山阴县下喇叭乡口子梁村的原党支部书记彭云。彭云同志1989年开始任口子梁村党支部书记，在担任村党支部书记的22年里，在全村青壮年劳动力争相外出务工、村里党员逐年减少的情况下，坚守山村，用责任和奉献点亮百姓的心灯。他敢于担当，为村民办了数不清的实事，是群众离不开的主心骨。他倾心奉献，长年贴上油钱用自家四轮车为村民拉水、碾场，留给自己的却是病痛与清贫。他公道正派，让人信服，历次村“两委”换届，都高票当选村党支部书记。他先后13次被县委、县政府授予“优秀共产党员”“模范个人”“先进工作者”等荣誉称号，所在村获“县级文明村”等多项先进称号。

王支书：我很敬佩他们，希望能和他们一样，为党好好工作，为老百姓好好服务，争取有个好口碑。

刘主任：从“万金油”“百事通”到“减压阀”“出气筒”，都是对基层干部的称呼。只看这些称呼，就知道基层干部不容易。实际上，基层干部晋升空间小、工作条件差、焦虑情绪重、发展压力大、培训机会缺。面对困难，绝大部分基层干部都在默默奉献，勤奋工作，尽职尽责。所以，我们应该对基层干部高看一眼、厚爱一分。

王支书：正如您所说，在基层还有许许多多像彭云这样的基层好干部。但是这两年被曝光的“房叔”“表哥”“车爷”等事件，对基层干部的整体形象造成了很大损害，甚至有人说他们是“见问题闭眼、见困难斜眼、见钞票红眼、见群众白眼”。

刘主任：基层干部的形象至关重要。自身形象不好，就不能推动工作，而且有时候还会影响社会风气。习近平总书记在十八届中央政治局常委与中外记者见面时就说“打铁还需自身硬”。我们都知道，《论语》中有这样一句话：“其身正，不令而行；其身不正，虽令不从。”孔子的话是颇有见识的。以古例今，榜样的作用不可低估。毛泽东同志曾经说过：“政治路线确定之后，干部就是决定的因素。”邓小平同志也曾经指出：“党是整个社会的表率，党的各级领导同志又是全党的表率。”所以，我们党员干部必须严于律己、率先垂范，始终把“打铁还需自身硬”作为履职之根本。

王支书：好多的农村党员干部在一些错误思想的引导下，对什么是干部、什么是好干部也认识不清楚了。说实话，我有时候也弄不明白。您给咱具体说说好干部的标准，我就知道自己努力的方向了。

刘主任：在2013年6月30日召开的全国组织工作会议上，习近平总书记用“五条标准”给出了答案：信念坚定、为民服务、勤政务实、敢于担当、清正廉洁。习近平总书记明确指出：“党的干部必须坚定共产主义远大理想、真诚信仰马克思主义、矢志不渝为中国特色社会主义而奋斗，全心全意为人民服务，求真务实、真抓实干，坚持原则、认真负责，敬畏权力、慎用权力，保持拒腐蚀、永不沾的政治本色，创造出经得起实践、人民、历史检验的实绩。”

王支书：这20个字很有道理，您给我逐个解释一下吧。

刘主任：在当代中国，共产党人的理想信念就是坚持与实践党的基本理论——马克思列宁主义、毛泽东思想、中国特色社会主义理论体系；坚定共产主义远大理想；坚定不移地走中国特色社会主义道路；坚持党的基本路线和基本纲领不动摇。理想信念坚定永远是好干部的第一位标准。是不是好干部，首先要看这一条。如果信念不坚定、政治不合格、经不起风浪、扛不住考验，这样的干部能耐再大也不是我们需要的好干部。理想信念是共产党人精神上的“钙”，精神上“缺钙”，看起来再美，也会得“软骨病”。用理想信念铸就金刚不坏之身，干部才能在大是大非面前旗帜鲜明，在各种考验面前无所畏惧，在各种诱惑面前立场坚定，在关键时刻靠得住、信得过、能放心。

王支书：现在的确好多干部的理想信念出了问题。

刘主任：是啊。我们国家已经进入矛盾凸显期、改革的深水区。当前影响党员理想信念的主要有两个大问题：一个是主流的价值观念被挑战，党员干部面临着多元思潮的冲击；另一个是物质诱惑很多，可以说随时随地都面临着各种各样的物质诱惑。这两大问题冲击着干部的自律防线。毫无疑问，我们的干部大多数是好的，但也有一些人在这两大冲击面前失去了信仰、丢掉了理想。有的认为共产主义是水月镜花，可望不可即；有的不信马列信鬼神，热衷于烧香拜佛；有的政治立场不明，碰到重大问题态度暧昧、消极躲避，甚至模糊事实、存心投机；有的是非观念淡薄、原则性不强、正义感退化，糊里糊涂当官，浑浑噩噩过活；有的唯利是图、利令智昏，抱着“当官不发财，请我都不来”的不良动机。理想的滑坡是最致命的滑坡，信念的动摇是最危险的动摇。习近平总书记一再强调：一些党员、干部出这样那样的问题，说到底是信仰迷茫、精神迷失。

王支书：一个人确实要有坚定的理想。社会发展变化如此快，如果没有主心骨，思想就跟别人跑了。

刘主任：理想信念反映一个人的思想意识、思想觉悟和精神境界。有什么样的理想信念，就有什么样的思想意识、思想觉悟和精神面貌。因此，每个共产党员，无论在什么岗位上，都必须严格要求自己，自觉实践理想信念，做真正的共产党员。

王支书：那怎么样才能坚定我们的理想信念呢？

刘主任：简单说来，坚定理想信念主要有两条途径：首先要加强理论学习，要深入学习党章，带头学习中国特色社会主义理论体系，坚定道路自信、理论自信和制度自信“三个自信”，以坚定的信念、清醒的头脑去战胜困难，经受考验；其次要努力实践，也就是要积极投身中国特色社会主义的伟大实践，在实践中加强党性锻炼，增强理想信念。

王支书：为民服务，我理解。全心全意为人民服务是我们党的根本宗旨。

刘主任：的确，好干部重在为民服务。为人民服务是我们党的根本宗旨，做一个称职的干部就要做到“为官一任，造福一方”。但为人民服务不是一句口号，而是实实在在的行动，需要具备服务的意识和服务的本领。具体来说，首先，想问题、做决策、干工作都要以群众满意为导向，把心思放在为民谋利上，把汗水洒在为民服务上，以自己的辛苦指数换来群众的幸福指数。其次，要下得田坎，进得门槛，能入心坎，自觉摒弃“门难进、脸难看、话难听、事难办”的衙门习气。总之，为民服务就是要在与百姓的朝夕相处中增进感情，在深入田间地头时了解百姓的诉求，在与百姓的贴心交流中寻找工作方法，以真情为民的实际行动保持党同人民群众的血肉联系。

王支书：只要是真心真意地为群众谋利益，就一定能得到群众的认可，就一定能干出一番群众满意的事业来。

刘主任：确实，要想做出让人民群众满意的政绩，要想做一个让组织放心、群众满意的好干部，就不能只停留在口头上，还必须要勤政务实。在全面建成小康社会的关键时期，出实招、鼓实劲特别重要。好干部不仅要夙夜在公、勤勉工作，更应求真务实、真抓实干。要勤于跑动，往田间地头跑，往农民家里跑，带领群众往致富路上跑，工作使出最大力气，决策达到最高水平，以踏石留印、抓铁有痕的作风带动全社会形成“人人抓落实、事事重执行”的良好氛围。

王支书：现在在农村想做点事情也很难。我想给老百姓做些事情，可是既担心触动一些人的利益，又怕吃不准中央政策让自己犯错误，还担心自己费力不讨好，所以有时候就放弃了！

刘主任：您说到点子上了，这里面其实就涉及干部的担当意识。当前，随着改革开放的不断深入，各种利益矛盾交织复杂，处在最基层的党员干部应当具有直面矛盾的勇气、化解矛盾的能力、敢于担当的品格。十八届三中全会指出，全面深化改革的总目标是完善和发展中国特色社会主义制度，推进国家治理体系和治理能力现代化。必须更加注重改革的系统性、整体性、协同性，加快发展社会主义市场经济、民主政治、先进文化、和谐社会、生态文明。改革是对干部最大的考验平台。“苟利国家生死以，岂因祸福避趋之”。面对“四大危险”与“四大考验”，我们党所承担的领导责任比历史上任何时期都更为繁重，这就需要各级干部具有更大的历史担当，敢于啃骨头，勇于涉险滩，敢闯敢试，敢抓敢管，敢担责任。

小贴士

胡锦涛同志在中国共产党成立90周年的重要时刻提出“四大考验”和“四大危险”：在世情、国情、党情发生深刻变化的新形势下，我们党面临的四大考验是执政考验、改革开放考验、市场经济考验、外部环境考验。面临的四大危险是精神懈怠的危险、能力不足的危险、脱离群众的危险、消极腐败的危险。

王支书： 我懂了。离开责任担当而空谈远大理想，也不是时代需要的“好干部”。

刘主任： 有多大担当就能干多大事业。社会转型期，机遇稍纵即逝，解决问题的窗口时间越来越短；挑战越积越多，问题出现的速度越来越快。执政党的“好干部”理应敢于担当、勇于负责，才能在机遇初现时推动改革、在问题露头处化解矛盾，为改革发展赢得战略空间。

王支书： 我们国家是个人情社会，基层更是如此，各种各样的社会关系会影响干部的担当意识。

刘主任：在一些干部中确实是好人主义盛行，不敢批评、不愿批评、不想负责的现象比较普遍。有的怕得罪人，搞无原则的一团和气，信奉多栽花少栽刺的庸俗哲学，满足于做得过且过的太平官；有的身居其位不谋其政，遇到困难绕着走、碰到问题躲着行，推诿扯皮、敷衍塞责，致使小事拖大，大事拖炸；有的为人圆滑世故，处事精明透顶、干事拈轻怕重、遇事明哲保身，有功劳抢得快、出问题推得急；有的慵懒散软，只要不出事、宁可不干事……这种不敢担当、不愿担当、不会担当的"圆滑官""老好人""墙头草"多了，党和人民的事业，还怎么向前推进？发展的关键期，又如何攻坚克难？敢于担当，是今天我们党的干部必须具备的基本素质，也是衡量"好干部"的重要标准。

王支书：群众看一个领导干部好不好，有一条很关键的标准——是否清正廉洁。

刘主任：对！我们党和腐败水火不相容！清正廉洁是一种素质，也是一种能力。对于党员领导干部来说，这种能力是必须具备的，它是保证党员领导干部综合能力得以充分发挥的重要基础。

王支书：但是在现实中，我们也看到有些基层党员干部守不住廉洁这条底线，总想多吃多占！

刘主任：是啊！由于目前监管还不是太到位，有些基层干部的贪腐行为还比较严重，我们把这种行为称为"小官大贪"。这就更加需要我们的干部对自己严格要求。上善若水，水利万物而不争。好干部要常思贪欲之害、常怀律己之心、常弃非分之想，

自觉做到底线不丢、红线不越、高压线不碰；要不为名所缚、不为利所驱、不为物所累、不为色所诱，时刻拧紧安全阀，行得正走得端，才能赢得老百姓的信任和支持。

二、加强基层服务型党组织建设

王支书：现在从中央到地方都强调要建设基层服务型党组织，特别强调基层党组织要发挥服务功能。

刘主任：是的。十八大报告提出了加强基层服务型党组织建设。习近平总书记在2013年的全国组织工作会议上强调："党的十八大提出了加强基层服务型党组织建设的重大任务。当前和今后一个时期，要以此来指导党的基层组织建设。"这一重要论述深刻表明我们党更加注重强化基层党组织的服务功能，更加注重强化密切联系群众的行动指向。

王支书：建设基层服务型党组织，落脚点是"服务"两字，但是要想做好“服务”这篇文章，并不容易。请您介绍一下服务型党组织建设要做哪些事情呢？

刘主任：十八大报告指出，要“以服务群众、做群众工作为主要任务，加强基层服务型党组织建设”。基层服务型党组织，是为了充分发挥基层党组织推动发展、服务群众、凝聚人心、促进和谐的作用，把服务作为工作的核心价值取向。

王支书：服务的意识，我们这些村干部还是有的，但是服务群众应从哪些方面入手呢？

小贴士

服务型党组织，就是以上级党组织服务下级党组织、党组织服务党员、党的各级组织和党员共同服务人民群众及科学发展的党组织。具体措施是通过建立上下连贯的服务体系，整合党务政务资源，为群众提供一系列利民、便民活动。它与管理型、权力型、命令型党组织不同，其对象是广大人民群众，其主题是服务，其方法是简化办事程序和提供贴近群众要求的一站式服务。服务型党组织体现了党的性质和宗旨，反映了广大党员和群众的要求，符合当前形势与任务对党组织建设的要求。

刘主任：从目前的形势出发，我想大致可以在以下几个方面加以努力：一是服务对象上要实现对成员的全覆盖。改革开放以来，农村的发展变化很大，出现了个体劳动者、私营企业主、自由职业者、新经济组织和新社会组织的从业者等不同的社会群体，这就要求基层党组织主动适应服务对象上的多元化特点，开阔思路，拓宽视野，把服务触角延伸到农村社会的各个阶层。二是在服务内容上要实现全方位服务。深入贯彻落实科学发展观，全面建设小康社会是一个系统工程，涉及经济建设、政治建设、文化建设、社会建设和生态文明建设等多个领域，这就要求基层党组织克服单纯的以经济指标代替服务群众的思想，把涉及生产、生活、教育、就业、医疗卫生、社会保障等关系群众切身利益的方方面面都纳入服务的视野，充分体现群众工作内容上的广泛性。最后还要注意服务的态度。要切实改变习惯于行政命令、开会发文件和下达指示等工作方法；摒弃那些只愿对上负责、不愿对群众负责，服务上级和领导主动、服务基层和群众消极的错误做法，主动深入群众，了解群众的所思、所想、所需，服务到位而不包办、积极主动而不越位。

王支书：近几年，各地大胆探索，在推进党员干部服务人民群众方面形成了不少好办法，如“党员与群众结对帮扶活动”“党员承诺制度”“党员中心户建设”“五星党员”“党员责任区建设”等。我们村也准备借鉴这些做法。

刘主任：是啊！山西省就有很多的经验和做法都值得我们学习。比如，垣曲县长直乡对各村党支部书记实行一季度一评星，设置依事定岗、依岗定人、依人定责、依责定诺、依诺定考的支部书记承诺公示制度，定期排名通报。峪里村党支部书记弟增选连续四季度被评为“五星级书记”，在他的带领下，村“两委”班子开展了“舜乡党员创业带富工程”“党员示范引领工程”和“共产党员户挂牌活动”，实现全村党员人人有承诺，接受群众监督，真正把身份亮出来，体现了先锋模范作用。

王支书：但是我也面临一些难题，就是群众工作现在很不好做。

刘主任：群众工作是社会管理的基础性、经常性、根本性工作。新形势下，群众工作呈现内容多样化、环境严峻化、纠纷复杂化、成因多样化等特点，的确是越来越不好做了。但是，作为党员干部必须牢记做好新形势下的群众工作是夯实党的执政基础、巩固党的执政地位的根本保证，更是领导干部的政治责任，不管高兴不高兴、喜欢不喜欢、愿意不愿意，都要做好、必须做好。

小贴士

群众工作，主要是指宣传教育群众，尊重依靠群众，组织引导群众，提高群众的思想政治觉悟，调动群众的积极性、创造性，动员群众参加党所领导的各项工作。群众工作是中国共产党领导工作的重要战线之一，是党务工作者的一项经常性的工作。党务工作者要做好群众工作，就必须熟悉和了解群众工作的任务和原则，采取科学有效的方法，加强和改善对群众工作的领导，充分发挥群众组织的作用，宣传、引导和组织群众为实现党的总目标而奋斗。

王支书：群众工作的重要性、必要性我都懂，但是具体应该在哪些方面努力改进呢?

刘主任：有个学者针对基层党员干部如何做好群众工作提出了六个方面的经验，我觉得非常好，推荐给您，供您参考。第一是要贴近群众。干部贴近群众，是做好群众工作的先决条件。要贴近群众，就必须严格要求自己，洁身自好，加强修养，做到两袖清风朝天去，一身正气于民间，真正树好形象，立起威望，获得信赖。自身正，有威望，群众信得过，干群关系自然就接近，说话才能掷地有声，才能产生众望所归的作用。反之，脱离群众，肯定得不到群众的认可和接受，就很难谈得上和群众产生感情。

王支书：是的。同样是村干部，平时和老百姓关系不好的，说话就没有人听；平时和老百姓相处融洽的，说话就有人听。

刘主任：第二是要读懂群众。能否读懂群众事关能否找准做好群众工作的切入点。读不懂群众，就不了解群众，做好群众工作就无从谈起。党员干部要读懂群众，就必须深入基层、深入群众，和群众打成一片；要戒掉官气，真心实意地与群众交朋友、做知己。浮风躁气、蜻蜓点水、浅尝辄止、官僚主义、形式主义作风，是与群众交不成朋友的。交朋友就是要交那些急需党和政府帮扶关爱的困难群众。要真正了解民心民意，提高工作的认同点，把工作做到群众的心坎上。

王支书：您说得对！要想做好群众工作，首先必须了解群众想什么、盼什么，否则你说卢沟桥他想旧砖窑，牛头不对马嘴，那肯定做不好群众工作。

刘主任：第三是要心系群众。领导干部要懂得两个关系：一是鱼水关系，时刻牢记人民群众是水，自己是鱼，是群众养育了自己，没有群众就没有自己，忘记了群众，脱离了群众就会一事无成；二是舟水关系。古话说："水可载舟，亦可覆舟。"领导干部要时刻明白自己是群众中的一员，是为群众工作和服务的，无任何特殊可言，应时时处处与群众打成一片，产生和谐共振。

王支书：心里有没有群众是装不出来的！心里有群众，即便有时候说错了话、做错了事，群众也会谅解；心里没有群众，想问题、办事情就不可能从群众利益出发，就很难做到对群众负责。

刘主任：第四是要团结群众。在工作方法上要灵活多样，要通过交谈、交心、交朋友，做到知民情、解民意、赢民心；要情理兼顾，做群众工作既要讲大道理，又要会说家长里短的话；要利用典型引路、现身说法、换位思考等行之有效的方法去做群众工作、疏通思想，与群众融为一体。

王支书：就是说做群众工作不能光讲大道理，必须多种方法多管齐下，尤其要说老百姓的话，说老百姓能听懂、愿意听的话。

刘主任：第五是要凝聚群众。做群众工作不能光空对空，而要以自己的实际行动感染群众、吸引群众。作为一名领导干部，群众愿不愿意跟你走，主要看你会不会引路、能不能当好引路人。如果不能带领和指引群众致富，没有抓经济、抓发展的本领，群众兜里没有钱，肚子挨着饿，日子不好过，你的招儿再花哨，话说得再好听，感情再充沛，那也打动不了群众。这种感情也不可能是真诚的，甚至是虚伪的。只有你方法多、路子活、眼光好，能指引群众致富，群众的日子过得越来越舒坦了、幸福了，群众才会认可你这个干部，才会铁了心跟你走，你也才能把群众凝聚到自己的身边，也才会产生感染力、吸引力，这样的感情也才是最实际、最真诚的感情。

王支书：做群众工作必须实打实，不能空对空！只有自己站得住、有能力，才能获得老百姓的信任，如果仅仅是口惠而实不至，那是不行的！

刘主任：第六是要感召群众。做好群众工作，最直接的办法就是真心真意地为群众办实事、办好事，使广大群众得到最大的实惠。我们必须付之于实际行动，用行动证明我们的工作，证明我们对群众的感情。干部要想群众之所想、急群众之所急，立足基层，摸透民情，找准症结，有的放矢，千方百计为民谋利。

王支书：听了您的话，结合我最近看的一些报纸，我觉得基层干部只要有“四心”，再难的事情也不难了。

刘主任：您给总结总结。

王支书：首先要常怀热心。对前来寻求帮助的群众，要有一张笑脸、一声问候、一杯热茶。其次要常怀耐心。宣传政策，解释政策，调解纠纷，难免会遇到不理解的群众，甚至有些群众会出现不同程度的抵触情绪和矛盾冲突，耐心倾听，进行解释，不厌其烦的劝说是关键。再次是要常怀责任心。把群众的事情当自己的事情，不能拖拉疲沓，不能找借口，想尽一切可行的办法，能办立马就办，不能办想法去办。第四是要常怀感恩之心。人民群众是我们的衣食父母，把群众当作自己的父母来对待，如若能做到这一点，许多问题都能迎刃而解了。

刘主任：说得好！您给我上了一课啊！

三、强化党员队伍建设

刘主任：咱们村2013年发展了多少党员啊？

王支书：发展了2个，都是咱们村有本事的人。

刘主任：有新鲜血液加入，农村发展才有活力。目前，一些村在发展党员的问题上存在一些比较明显的问题，有的论资排辈，党员严重老化，有的发展党员靠关系，有的村党支书担心有能力的年轻人入了党会威胁到自己的权威，而宁愿不发展，造成了个别村党员干部队伍青黄不接。对比这些村，你们村做得很好。

王支书：作为党的基层组织，发展党员是天经地义的事情，这没什么可说的。

刘主任：发展党员是组织建设的基础。农村党员是贯彻落实党在农村的各项方针、政策的主要力量，党员素质的高低、作用发挥的好坏，直接关系着党在农村的形象。这可不是一个小事情，而是有大文章啊！

王支书：那您说我们在发展党员上应该注意什么啊？

刘主任：首先，一定要高度关注发展党员这个问题。作为支部书记，平时就要多关注、多考察，努力吸收那些踏实肯干、符合党员标准的青年入党，要把优秀的、能带领群众共同致富的人吸收进党组织来。其次，一定要慎重发展，必须坚持成熟一个发展一个。坚决杜绝审核把关时出现松弛懈怠、不守纪律，甚至放弃原则、走形式主义、拉关系走后门、下指标定任务等不良现象。第三，一定要严格程序。严肃考察人选的入党动机，严格入党申请、群众推荐、考察学习、日常表现、组织讨论等入党流程，不能走过场。

王支书：您的意思是一定要严把发展党员的“入口关”，切不可放松要求，这里有什么好的做法可以参考吗?

刘主任：为了管住入口，这些年好多农村都有新的办法。比如晋城市“入党先过群众关”的做法，对吸收什么样的人入党很有启发。他们提出，要想入党，先当优秀村民。这种做法打破了论资排辈的旧习，体现了公平、择优、透明，群众也服气。

王支书：听了您的话我就明白了，以后在发展党员这个问题上还是要进一步重视起来。但是，刘主任，和您说实话，现在农村党

员的教育和管理也是一个大问题啊！

刘主任：这个现象我也了解，问题出在几个方面。有的党员对村里的事不闻不问，常是“支委一班人忙着转，党员站在旁边看”，特别是随着农村外出务工党员的增多，留村党员工作主动性不强，存在着消极应付态度，致使部分流动党员成为“边缘党员”；有的村干部认为现在“干部难当，党员难管”，在党员教育管理上花费精力不值得；有的基层党组织对普通党员民主权利重视不够，未能有效地落实和保障党员的知情权、参与权、选择权和监督权，没有做到重要文件党内先传达、村级重大事项党员先讨论、重大决策的实施党内先动员，影响了党员的积极性，造成党员对党内事务漠不关心。

王支书：老百姓有句话：“党员不党员，就差两毛钱。”

刘主任：这里既有教育不够的问题，也有管理不到位的问题。2013年1月，中央政治局在研究部署加强新形势下党员发展和管理专题会议上强调，要强化党员管理，建立规模适度的党员队伍，并及时处置不合格党员。这是具有远见的战略举措。

王支书：怎么管理呢?

刘主任：首先要明确对党员教育的目的，要通过教育让党员有党的意识。一方面，要加强理想信念教育，让我们的党员干部平时言行看得出、关键时刻站得出、困难面前豁得出；另一方面，还要加强致富技能的教育。

王支书：我们支部倒是比较注重对党员的教育，“三会一课”制度我们坚持得很好，从来没有放松过党员的党性教育，还经常组织学习政策理论，进行爱国主义教育、集体主义教育、社会主义核心价值体系教育等，保证把党的政策及时传达到每个党员的头脑中。

小贴士

“三会一课”制度是党的组织生活的基本制度，是党的基层支部应该长期坚持的重要制度，也是健全党的组织生活，严格党员管理，加强党员教育的重要制度，是我党经过长期实践证明的一种行之有效的党组织生活制度。“三会”是定期召开支部党员大会、支部委员会、党小组会，“一课”是按时上好党课。

刘主任：教育是个长期的事情，必须注意方式方法。一方面，我们要通过百姓听得懂的话语、看得懂的文字开展党的思想宗旨、理想目标等宣讲教育；通过标语、板画、报刊、广播、电视等各类群众喜闻乐见的形式开展有效的宣传教育。另一方面，要制定行之有效的方法提高党员的党性修养和素质，充分提高党员个人对党的宗旨、纲领、目标、任务的认识，等等。

王支书：对流动党员的管理也是我的一个心病。一些党员几年也见不到人。

刘主任：对流动党员主要通过制度来解决。中央明确提出要加强和改进流动党员管理，建立健全城乡一体化的党员动态管理机制。有些地方党组织探索了一些非常好的、值得我们学习借鉴的制度。

王支书：有些什么具体的制度呢？

刘主任：比如，外出申请报告制度，即要求本村党员外出前必须向党支部提出书面申请，说明外出理由、去向和时间。党支部接到申请后，及时与党员沟通，并提出相关的要求。还要建立流动党员档案，对流动党员的基本情况、家庭状况、外出时间、地点、就业情况、工资报酬、参加流入地党支部活动进行详细记录。

王支书：以后我们首先要建立起这个外出申请报告制度来！当然，我们党支部不能等人家来申请报告，而应该随时观察村里党员的动向，主动上门去登记！

刘主任：对。此外，还有联系制度，即支部要指定一名在岗党员担任联络员，负责联系外出党员。由联络员将党组织活动等有关事宜及时传达给流动党员，同时由联络员将流动党员的思想、工作和有关情况按期反映给支部，以便更好地掌握情况，及时制定对策。

王支书：联系制度我们有。我们支部确定一名正式党员负责与外出党员定期联系，我们要求联系人通过信件或者电话等各种形式了解外出党员的就业和生活情况，并通报我们村的发展状况和大事小情，督促外出党员不能忘记党员义务，并积极参加流入地的组织生活。

刘主任：除了流动党员以外，还有一种党员也要关注，那就是没有职务的党员。无职党员通常对自己的要求低，发挥作用不主动、不积极、有顾虑。在一些农村，很多年轻力壮的党员外出挣钱，留下一些年老体弱、能力较差的党员，这部分党员中的无职党员发挥作用和开展活动的积极性尤其不强，遇事往往“躲、退、让”。对这些无职党员，要积极为他们创造条件和平台，让他们积极承担义务和责任。

王支书：确实如此。无职党员也是党员，如果他们不发挥模范作用，受影响的最后还是我们党支部。老百姓会说，这种人怎么能是党员呢？

刘主任：总之，农村党员的教育效果与严格、科学的管理是紧密联系在一起的。一方面，要对农村党员实行分类管理。充分考虑目前农村党员就业形式、生活水平、思想状况上的差异，对不同层面、不同领域的党员提出不同的要求，强化分类指导，引导其发挥作用。对现担任一定职务的干部党员，要求他们树立全心全意为人民服务的观念，当好人民的勤务员；对离退休回村的退休党员，要求他们当好支部的助手和参谋；对有一技之长的技能党员，要求他们当好群众致富的带头人；对在村内从事一般性生产劳动的无职党员，要求他们树立全局和长远的观念，当好爱岗敬业的榜样；对外出务工的流动党员，要求他们树立离土不离乡的观念，当好先进信息的传递者；对本村的老党员，要求他们当好支部的坚强后盾。

王支书：如果有个别党员，教育和管理对他们不起作用怎么办呢？

刘主任：这里面我们首先要看是否有组织工作不到位的问题，例如党组织不能较好地执行各项制度，“三会一课”制度形同虚设，活动组织不经常、组织生活不正常，对党员放任自流，一些党员在思想、生产生活上都落后于普通老百姓，有的甚至起反作用，就会产生这样的后果。

王支书：有些是我们组织工作不到位造成的，对于个别党员，老百姓意见比较大。正如群众所言：有些党员政策水平不如“上访户”，工作技能不如从事种养加工户，致富能力不如个体经营户，信息掌握不如“营销户”。

刘主任：对这部分党员就要加强教育、严格管理，情节严重的，要采取组织措施。对无正当理由连续6个月以上不参加党的组织生活，或不交纳党费，或不做党所分配工作的“三不”党员，特别是大多数党员和群众反映较差的个别党员，要进一步疏通出口。对此，2013年全国发展党员和党员管理工作会议明确提出，党员队伍出口要疏通，认真做好对不合格党员的处置工作。

四、培养农村经济社会发展的“领头雁”

王支书：2012年，新华社、新华网报道了“土改第一村”黑龙江省尚志市元宝村党总支书记张宝金的先进事迹后，在网民中引起强烈反响。一位网友说：作为村干部，不光是能与群众同甘共苦，下地劳动，更可贵的是要能解放思想，带领群众走出一条集体富裕的路子。我真心羡慕那里的村民，更佩服他们有这么好的带头人。

刘主任：任何一个发展好的农村，必然有一个坚强有力的好支部，也必然有一群有能力、有想法的好干部；任何一个穷村、乱村，首先可以肯定党支部没有凝聚力，党员干部的先锋模范作用发挥得不好。这是一条普遍规律。

王支书：对比人家，我还有很大差距。我记得张宝金说过这么一句话"一个人好，不如一个村好"，他对改变贫穷落后面貌有强烈愿望，所以才能成为百姓脱贫致富的带头人。如果各地农村党员干部都向张金宝学习，就可以加快新农村建设的脚步。

刘主任：张宝金是一位"无私奉献、信念坚定"的共产党员，新农村建设需要更多这样的带头人、"领头雁"，新时代需要更多张宝金这样的"领路人"、排头兵。其实，咱们山西省就有许多这样的"领头雁"，比如大同杨家窑的郭占君。

王支书：这个人我还不太了解，您给我讲讲。

刘主任：2004年上半年，正是杨家窑人上访闹事"火"的时候。大同市南郊区委、区政府高度重视，认为选好一个领头人、建设一个好班子已成为解决杨家窑人心涣散、生产落后的紧迫问题。民营企业家、优秀共产党员郭占君被动员回村担任了党支部书记。村委会换届时，郭占君顺利当选村委会主任。杨家窑村"两委"新班子实实在在开展了学习型、效益型、先进型、发展型、民主型干部队伍的创建活动，村干部走街串户，倾听村民心声。村里的重大事项，先召开支委会提出方案，再上村委会研究，然后党员大会讨论，最后村民大会表决。通过让村民当家做主，才解决了干群关系的老问题。

王支书：村干部要想让老百姓信任，首先得让老百姓参与到村“两委”的决策中。

刘主任：接下来，选一条什么样的致富路摆在以郭占君为班长的班子面前。村干部经过与村民反复沟通、科学论证，决定以塔山循环经济园区建设为依托，与经济园区企业建立友好合作关系，将村里的经济建设真正融入塔山循环经济园区，建起塔山职工公寓，直接服务于塔山煤矿，每年村收入达200多万元；以股份合作形式创办卧龙岗服务有限责任公司，村集体占51%股份，村民占49%，走出了一条“集体引领、人人入股、共同富裕”的新路子，彻底把一个问题村改造成了新农村建设的样板村。

王支书：他们的成功一定是有规律可以遵循的。您再给讲讲还有哪些值得学习的例子。

刘主任：还有大同新荣区甘庄村的支部书记、村委会主任关月梅。关月梅是甘庄村最早走出去的党员之一。从一名饭店服务员做起，经过十多年的打拼，到2007年，她已在市里经营着一家资产上百万元的酒店了，生意一直红红火火。就在这个时候，甘庄村干部和村民纷纷来找她，希望她能回村当党支部书记，领着村民共同致富，改变村里经济发展缓慢的局面。但是，家人和亲友都劝她：“村里当书记挣钱少不说，还相当难干，又容易遭到村民的抱怨和不理解。”“人活着不能只为自己，更不能只为钱，大家相信我，我就干！”关月梅放弃酒店，回村担起了甘庄村党支部书记的重担。

王支书：现在很多地方鼓励能人治村，还是有道理的。

刘主任：关月梅上任后，与村干部、村民多次座谈，征求意见，寻找发展经济之路。立足甘庄村土地适宜发展小杂粮的特点，积极推进新品种引种示范试验；根据甘庄村气候特点，大力发展养殖业。从2011年开始，关月梅还积极引导鼓励村民利用地理优势发展运输业，并多方为运输户联系业务。几年来，关月梅和村“两委”班子成员积极想方设法争取资金，改善村里的基础设施，硬化了街巷，安装了路灯；重新修建了西山水井，解决了村民的吃水难问题；为60岁以上的老人每户每年发放生活补贴和电费，解决了他们的生活困难；投资修建了一处休闲广场，配套了体育健身器材，让群众有了休闲放松的场所。关月梅把党员队伍也带好了，为村民树立了良好的榜样。城乡清洁工程实施以来，关月梅和村里党员带头义务清扫垃圾，将积存了多年的垃圾突击清理完毕。此后，经常带头义务清扫，保持了良好的村容村貌。

王支书：看来做工作不能等、靠、要，我们的一

些村干部不是抱怨没有发展的机遇，就是埋怨村民素质低，从来不反思自己的工作有没有做到家。

刘主任： 是的。作为党组织书记和党员干部，要善于调动广大党员群众的积极性、创造性，把“带头富”和“带领富”结合起来，培养能人、用好能人，特别是村党组织书记要想在前头、干在前头，千方百计把农村的经济发展搞上去。

王支书： 达到您说的要求可不容易啊！

刘主任： 说不容易也容易，就是要加强学习、注重思考。

王支书： 学习还是很管用的。2013年我们参加“领头雁”培训班，集中学习了4天，虽然很累，但很充实。学习内容既有政治理论，也有市情专题、法律知识、工作指导等。我们村“两委”主干都认为大大开阔了眼界，现在有很多想法，准备大干一场。

小贴士

村“两委”主干是农村发展致富的“领头雁”。为了提高村“两委”主干素质，从2012年开始，山西省委组织部组织在全省持续开展了农村“领头雁”培训工作。全省每年近25万名行政村“两委”班子成员和骨干党员接受培训。通过“领头雁”培训计划的实施，广大农村干部的思想进一步解放、思路进一步开阔，推动农村经济发展的能力进一步加强。

刘主任：要想成为一名合格的“领头雁”，我还想提醒您几句：首先要接通“天线”，吃透上情，把准宏观形势和政策要求，将上级党委的决策部署很好地与本地的实际结合起来，加强科学研判和超前谋划，实行统筹安排和主动应对。其次要接通“地气”，摸准下情，要俯下身掌握实情，因势利导、因地制宜、因需施策，把基层情况摸准、把老百姓的心思吃透，避免决策失误，提高执行效能。第三要把住方向、看清路况，要善于一手拿“望远镜”，宏观统揽整体工作的部署；一手拿“显微镜”，及时了解每项工作的进展。

五、坚持“四议两公开”工作法

刘主任：我进村的时候看到村口有一个村务公开栏，上面有2013年全年的收入和支出等内容，很详细。

王支书：这是“四议两公开”工作法要求的。

刘主任：在基层跑了这么多地方，我感觉工作方法很重要。但是有的村“四议两公开” 工作法落实得还不到位，不知咱们村坚持的怎么样?

王支书：我们村坚持得很好，所有村级重大事项的决策由村党支部在广泛征求党员和村民意见的基础上提议，再由村“两委”会商议、党员大会审议、村民代表会或村民大会决议，决议和实施结果都要向全体村民公开。

刘主任：咱们村的村务公开些什么内容?

王支书：村务公开是建设社会主义新农村的一项重要内容，是干部取信于民的一条重要手段，我们采取的就是村务公开栏的形式定期进行村务公开。公开的内容主要是以下几个方面：

（1）新农村建设长期规划和年度工作计划；

（2）村集体土地的承包、租赁情况；

（3）公益事业经费筹集、组织实施与管理情况；

（4）集体经济项目的立项、承包等的建设情况；

（5）集体资产购建与处理、集体借贷、集体企业改制；

（6）村级建设规划、土地征用及补偿分配、宅基地审报；

（7）计划生育、农村低保、新型农村合作医疗等政策和制度的落实；

（8）重大救灾救济款物的发放，以及其他应当民主决策的事项。

刘主任：全是老百姓关心的大问题。就山西省来说，对村务公开的要求就是“1+4”，就是要办好一个村务公开栏，每年公开4次。这样就比较规范了。村务公开可以解决三个问题：一是激发大家关心集体的热情；二是给群众一个交代；三是对干部进行监督，给干部一个清白。当然了，村务公开不仅是形式，更要注重内容。特别是要杜绝村务公开中出现敷衍了事、流于形式的问题。

王支书：这个不用担心。现在村民的民主意识和本领越来越强，只要村干部做得不对的地方，立即会指出。“四议两公开”不仅满足了老百姓参政议政的需求，而且解决了很多实际难题。

刘主任：2009年，山西省委组织部、省民政厅、省农业厅联合下发《山西省推行“四议两公开”工作法的指导意见》，确定阳泉市的所有县（区）和其他市的10个县先行试点。在实行“四议两公开”工作法之前，村级党组织主要通过村民代表议事会、党员议事会以及村民理财小组来实现农村的民主决策、民主管理。随着农村经济社会的不断发展，村民民主意识不断增强，旧的做法远远不能适应新形势下农村工作的需要。在试点成功实践的基础上，2010年山西省委组织部下发了《关于在全省农村全面推行“四议两公开”工作法的通知》，全面推广“四议两公开”工作法，进一步加强农村基层民主建设。

王支书：对于“四议两公开”工作法，我是举双手赞成的，但是村里还是有些党员干部不太明确这个工作法的好处，我给大家讲了，但是总觉得不深不透、没有说服力。

刘主任：根据现有的经验来看，“四议两公开”的好处集中在以下四点：第一，解决了影响干群关系的问题。由于拆迁补偿标准及分配问题，阳曲县西凌井乡西凌井村的村民多次到省、市、县进行上访。推行“四议两公开”工作法以来，针对存在的问题，该村“两委”严格按照议事程序进行决策，民主化的决策程序反映了大部分群众的意愿，增强了透明度，该村的干群矛盾得到妥善解决。

王支书：公开是解决问题的最好办法。

刘主任：第二，明确了农村基层党组织的工作责任。一些村存在“两委”关系不协调的问题，主要原因就是不能摆正各自的位置。经过工作法的改革，党支部享有主动权，能够充分发挥领导核心作用；村委会享有自主权，能够充分发挥决策执行的主体作用。“两委”关系进一步明确，各司其职，工作相连，力量凝聚，目标一致。

王支书：班子不团结，啥事也干不成。“两委”不协调的主要根源就是分工不明确、职责不清楚。

刘主任：第三，调整了村干部的工作思路。原来存在着部分干部不愿干、不敢干、不能干的问题，经过大家的集思广益，凝聚了民心，统一了思想，有利于形成科学发展的思路、决策，找到符合本村实际的发展路子。

王支书：还真是，有思路才有出路。

刘主任：最后，还有利于推动群众有序参与。农民是社会主义新农村建设的主人。“四议两公开”工作法，充分尊重农民在新农村建设中的主人翁地位，把村级重大事务和涉及农民切身利益的事情交由农民并通过规范的程序自己议、自己定、自己干、自己管，让农民干自己想干的事、愿意干的事，极大地调动广大农民的积极性、主动性、创造性，既保证党的方针政策在农村的贯彻落实，也能保护农民的合法权益。

王支书：这么一讲，更坚定了我们推进“四议两公开”工作法的决心。我们村从解决群众最关心、最直接、最现实的利益问题入手，认真解决好群众就业问题、社保问题、教育问题、医疗问题、分配问题，为群众多办好事、实事，得到了群众的拥护。这可能是我们村的经验吧。

小贴士

“四议两公开”工作法：河南省邓州市适应农村改革发展的需要，于2005年起创新实践了“4+2”工作法，2009年5月初开始，河南省委在全省范围内推广。主要是指农村所有村级重大事项都必须在村党组织领导下，按照“四议”“两公开”的程序决策实施。“四议”指党支部会提议、“两委”会商议、党员大会审议、村民代表会议或村民会议决议；“两公开”指决议公开、实施结果公开。

刘主任：推行过程中有没有遇到什么问题呢？

王支书：我们村执行得还可以，但我了解到个别村级组织在运用“四议两公开”中存在应付思想，有的村党组织领导核心作用不强，民主议事和决策程序不规范，村级组织工作运行不畅，党员干部推动经济发展、应对复杂局面、构建和谐农村的能力不强、办法不多，导致村级党组织和党员干部在群众中威信不高、号召力不强等问题。

刘主任：这就应该进一步健全完善奖惩激励、民情恳谈、满意度测评和责任追究等机制。建立县、乡、村三级运用“四议两公开”工作法责任主体，明确乡、村级党组织负责人为主要责任人，规定凡是通过“四议两公开”形成的各项决议不得随意更改，落实情况要接受上级党委的实地考核和村民代表的监督评议，凡不按程序进行决策实施或落实结果群众不满意的，要追究相关人员责任。

王支书：落实政策才是硬道理。要说还有啥不太满意的地方，那就是如何提高“四议两公开”方法的质量和效果，尤其是如何提高议事能力。我在想怎么才能提高党员、干部和群众的议事能力，使他们提出的事项体现科学发展要求、符合本村实际，说出的话语有分量，提出的建议有价值，作出的决策有依据。

刘主任：首先，要选好配强村级班子。注重从农村致富带头人、复员退伍军人、大学生村干部、外出务工返乡创业人员以及农民合作组织负责人中选拔村干部，使这些素质高、眼界宽、能力强的人在推行“四议两公开”工作法中发挥骨干作用。

王支书：对！人是主要因素。

刘主任：其次，要提高党员队伍素质。把素质高、能力强、威信高的优秀分子吸收到党组织中来，加强党员教育管理，保障党员的知情权、选择权、参与权和监督权，成为村级组织联系和服务群众的桥梁和纽带。第三，要选好村民代表。严格按照《中华人民共和国村民委员会组织法》的规定和要求，把“素质高、重声誉、懂村务”、能切实代表村民发表意见的群众选为村民代表。

王支书：您说得很有道理。还有一个问题也很重要，那就是村与村情况差异很大，如何既保证推动“四议两公开”，又符合本地实际。

刘主任：您真是个有心人，既能微观实践，还能宏观思考。对于您说的这个问题我们可以参考几个例子。阳曲县在处理这个矛盾时，考虑到了大村与小村、山区与平川、富村与穷村情况千差万别，推行中可以结合各自实际，在借鉴中创新，在创新中发展。阳泉市根据资源型经济特点和城镇化水平较高的实际，把全市农村划分为城周村、工矿村、纯农业村三类，强化分类指导。城周村把“四议两公开”的关注点放在城镇建设的拆迁、征地上，工矿村放在矿产资源的开发、管理上，纯农业村放在上级给予政策性资金的分配、使用上，做到因地制宜，不搞一刀切，使“四议两公开”更具针对性、操作性。

王支书：“四议两公开”工作法是个好方法，我一定要让这个方法在我们村这片土地上生根开花！

六、切实搞好村“两委”换届选举工作

王支书：2014年又该村“两委”换届了，这可是关系到农村经济社会发展的大事情！

刘主任：对。换届关键是选人，一定要选举产生出守信念、讲奉献、有本领、重品行的村“两委”班子，这样才能充分发挥村“两委”推动发展、服务群众、凝聚人心、促进和谐的作用，从而不断夯实社会主义新农村建设的组织基础。

王支书：那有什么具体的操作程序吗？

刘主任：2013年12月，中共中央组织部组织二局、民政部基层

政权和社区建设司编辑出版了《村“两委”换届选举工作指导手册》一书，详细介绍了换届选举工作的环节、程序以及具体要求，指导性非常强。山西省也有《山西省村民委员会选举办法》和《山西省村民委员会选举规程》。

王支书：那您给我具体讲讲吧！

刘主任：首先是要做好前期准备工作。主要有三方面的要求：一是调查摸底。具体要求就是要全面摸清各村发展稳定、“两委”班子建设等情况，深入分析影响换届选举的主要因素，尤其是摸准吃透村情复杂、组织涣散、发展滞后、管理薄弱的难点村、重点村、后进村的情况。二是集中整顿。结合后进村党组织整顿建设工作，对村“两委”班子不健全、干群矛盾比较突出、以往选举中问题较多的村进行集中整顿，把问题和矛盾解决在换届选举之前。三是要离任审计。组织力量做好村级财务清理和村“两委”成员离任审计工作，注重审计党员群众反映集中的问题，并要公示审计结果，接受群众监督。对审计中出现的问题，要按有关规定及时妥善处理。王支书，您一定要配合上级组织做好换届的前期准备工作啊！

王支书：根据以往的经验，前期准备工作的确非常重要，必须心中有数才能做到有序换届。您放心，我有这个觉悟，肯定能主动配合工作啊！

刘主任：做好前期准备工作之后，就要制订换届选举的方案。方案制订主要注意“两个先后”的问题：一是一般按照先村党组织、后村民委员会的顺序换届；二是先易后难，按照“一村一策”

的要求分类指导先进村、一般村和后进村的换届选举工作。具体来说，要做到三个明确：一是明确实施步骤及进度安排，确定换届选举的工作阶段、重点任务、时间进度、责任主体及具体要求，要制作换届选举工作的操作流程图，确保各个环节、各个步骤无缝衔接；二是要明确班子职数和结构要求。每个村“两委”班子成员职数为3至7人，具体数额由村民会议或者村民代表会议根据本村的实际情况决定，要引导妇女、大学生村干部参加换届选举，提倡“两委”班子交叉任职；三是明确推荐提名及投票选举方式。按照德才兼备、以德为先原则和有关法律法规，明确推荐提名、投票选举方式，结合实际细化村“两委”候选人资格条件。主要有两个方面的要求：一是全面实行村党组织班子成员换届选举“两推一选”办法；二是村民委员会选举要坚持“直接选举”，即村民委员会主任、副主任、委员都由村民直接投票选举产生。

小贴士

“两推一选”是选举产生村级党组织成员的一种方法。是指在村党组织进行换届时，先由党员和村民代表投票推荐党组织委员候选人初步人选，再由乡镇（街道）党委依据推荐票数和村党组织委员任职的基本条件进行审查并同意后，确定村党组织正式候选人，在党员大会上差额选举村党组织委员会委员。

王支书：方案很重要，而且应该在选举前就把方案告诉老百姓，尤其要把候选人的资格、条件告诉群众，让群众也有个酝酿、考虑、选择的时间。

刘主任：是的，人选推荐是换届能否选出好干部的重要环节。我们必须严格提名的程序、扩大选人视野，做好“两委”成员候选人推荐工作。一是必须全面实行“两推”。村党组织委员会成员候选人的产生，要在乡（镇）党委的领导和指导下，根据党员和群众推荐、乡（镇）党委推荐的情况，由村党组织按照不低于20%的差额比例，讨论确定候选人预备人选，报乡（镇）党委批准。二是依法直接提名。村民委员会成员候选人的产生，由登记参加选举的村民直接提名，候选人的名额应多于应选名额。在实际工作中，各地可依照法律法规，提出适宜提名的人选资格条件，明确不适宜提名的人选条件。三是扩大选人视野。注重从思想政治素质好、带富致富能力强、服务群众能力强的农村致富能手、复转军人、专业合作组织负责人、农村经纪人、优秀大学生村干部中推荐村“两委”成员提名人选，尤其是从土生土长、素质好、有见识、有本事、有业绩、对家乡有感情、愿意回乡服务的外出务工经商人员中推荐提名人选。如果本村党员中没有合适村党组织书记提名人选的，要从上级机关选派的驻村干部、乡（镇）包村干部以及县乡机关、企事业单位提前离岗、退休干部职工中推荐选拔。四是严格把好“入口关”。必须从源头上把好村干部“入口关”，防止不符合条件的人进入村干部队伍。要探索创新让优秀年轻干部、妇女干部进入村

“两委”班子的办法和机制。引导群众从党员中推荐提名村民委员会候选人，对不是党员的村民委员会成员，要积极培养发展为党员。

王支书：这个办法很全面、很具体、很有操作性，体现了基层民主的要求，也体现了选贤任能的要求。

刘主任：明确了选任标准之后，我们还需要按照有关法律法规要求，建立换届选举的组织机构。村党组织换届要在乡（镇）村两委换届选举工作领导小组领导下进行，由上届村党组织主持，做好上报请示、宣传动员、召集会议、组织动员等具体工作，书记要切实负起责任。村民委员会换届选举的组织工作，在乡（镇）村“两委”换届选举工作领导小组指导下，由村民选举委员会主持。村民选举委员会成员由村民会议、村民代表会议或者村民小组会议推选产生。在推选村民选举委员会时候要注意三个方面的要求。一是注重政治素质。引导群众将思想政治素质好、公道正派、群众认可的人员推选到村民选举委员会，提倡按照法定程序将村党组织负责人推选为村民选举委员会主任，主持村民选举委员会工作。二是优化人员结构。村民选举委员会成员中应该既有村党组织和其他组织的代表，又有村民小组组长的代表和村民代表，以及在村里威望较高的老干部、老党员代表。三是要坚持依法推选。村民选举委员会成员要依法推选产生。村民选举委员会成员被提名为村民委员会成员候选人的，应当退出村民选举委员会。村民选举委员会成员退出村民选举委员会或因其他原因出缺的，按照原推选结果依次递补，也可以另行推选。

王支书：无论下一届能不能选上，我都会按照要求站好岗，坚决服从组织的要求和村民、党员的意愿，不添乱、不捣蛋！

刘主任：您肯定有这个觉悟。村党支部还要大力加强宣传动员，充分调动党员参与和支持换届选举的积极性，依法依规做好登记工作，切实提高参选率，重点是对“三类群体”有针对性地做好工作。一是对组织关系和户籍在本村且长期在家的党员和村民，通过集中办理、上门入户等方式，逐人进行宣传动员和选民登记，确保这类人员全部参加。二是对组织关系不在本村、外出务工经商的党员，户籍在本村、不在本村居住但表示参加选举的或外出务工经商的村民，要通过公告、电话和信函等方式通知到本人，动员他们返乡或委托投票，确保这类人员绝大部分能够参加。三是对户籍不在本村、在本村工作或居住一年以上的人员，如大学生村干部、外来本村务工经商人员、村办企业员工等，本人申请参加村民委员会选举的，经过村民会议或村民代表会议同意后，进行选民登记。

王支书：这个办法很好，我们一定会按照这个要求有针对性做好不同群体的登记工作。

刘主任：组织好换届选举大会非常重要，要严格程序、规范操作，认真做好会务准备工作，精心组织召开村党组织和村民委员会的换届选举大会。具体来说，在大会组织上要注意三点：一是规范大会组织程序。召开党员大会选举村党组织委员会成员，应经过上届党组织报告任期内工作情况、分组讨论酝酿候选人名单、候选人竞职演说、党员写票投票、公开唱票计票、公布选举结果等程序；召开村民会议选举村民委员会成员，应经过报告换届选举工作筹备情况、介绍选举办法、候选人竞职演说、组织写票投票、公开唱票计票、公布选举结果等程序。二是规范候选人介绍方式。在选举大会上，要统一组织候选人与党员、村民见面，发表竞职演说、介绍自己履职设想，回答党员、村民提出的问题。竞职演说内容要符合本村和本人实际，实事求是。不允许私自开展竞选活动，不允许随意许愿。三是规范投票现场组织工作。村党组织选举投票时，因故未出席会议的党员或党代表不能委托他人代为投票；选举人不能填写选票的，可由本人委托非候选人按照选举人的意志代写。村民委员会选举投票时，要严格控制流动票箱的使用，依法办理委托投票手续；要设立秘密写票处，实行秘密写票制度；要公开唱票、计票，当场宣布选举结果。

王支书：的确，大会组织是换届的最关键的环节。以往就听说过，个别村的选举就是在大会选举环节出现的问题。

刘主任：应该说，各个环节都要重视。大会选举环节出了问题，可能是前面的工作不扎实导致的，也可能是大会组织不严密导致的，还可能是执行纪律不到位导致的。所以，我们在做好各个环节工作的同时，还必须不折不扣地执行换届纪律，始终保持对违法违纪行为的高压态势，确保换届选举风清气正。首先要强化宣传教育。要坚持教育在先、警示在先、预防在先，要采取多种方式，广泛宣传换届选举的纪律要求，尤其要加强对竞职人员的教育，乡

（镇）党委要与竞职人员集体谈话、签订竞职纪律承诺书，督促他们严格遵守换届纪律，自觉抵制违法违纪行为。其次要强化全程监督。抓住候选人提名、竞职演说、投票选举等关键环节，实行全过程跟踪监督，畅通监督渠道，开通监督电话、设立监督信箱等，由专人负责受理；尤其是对那些竞争激烈、选情复杂的重点村、难点村，要派出工作组驻村指导，重点监督。第三是要强化“四个严防”。严防境内外敌对势力打着各种旗号干扰破坏选举，严防黑恶势力操纵选举，严防家族和宗族势力干预选举，严防选举中的拉票贿选、弄虚作假等不正当竞争行为。第四要强化从严惩处。进一步明确拉票贿选等违法违纪行为的认定标准、查处程序和责任部门，加大查处和打击力度，对拉票贿选等不正当竞争行为，发现一起、查处一起、通报一起。

王支书：大会开完了，换届选举也就结束了。

刘主任：也不能说大会开完，换届选举就结束了，还得做好一些后续工作。比如，还要抓好村务监督委员会的换届选举工作以及村“两委”下属的妇代会、团支部、人民调解委员会、治安保卫委员会、计划生育委员会等的设立工作。要组织好村“两委”新老班子的交接工作，要做好落选和离任人员的心理疏导、待遇落实和关怀帮助等工作，引导他们正确对待去留，继续发挥作用，支持新班子工作。新的村“两委”也要制定任期目标、提出落实措施，并向党员群众公开承诺。尤其是村党组织要把服务型党组织建设作为重点，进一步增强服务意识、提高服务功能。

王支书：对，选举虽然结束了，工作才刚刚开始。我听说，咱们省2014年要对软弱涣散党组织进行集中整顿，这次集中整顿主要是解决什么问题、达到什么目标啊？

刘主任：这次集中整顿以推动农村科学发展为中心，以加强农村基层党组织建设为重点，着力解决一些村级组织不够健全、领导班子软弱无力、党员队伍不起作用、社会治理水平较低等问题，切实提高农村基层组织建设整体水平，为推动农村科学发展提供坚强的组织保证。

王支书：现在确实有部分基层党组织存在软弱涣散的现象，班子不作为、搞内讧，群众意见比较大，很有整顿的必要啊！这次整顿的主要内容有些什么呢？

刘主任：对排查出来的软弱涣散基层党组织，要紧密结合第二批党的群众路线教育实践活动的开展，以完善组织设置、整顿领导班子、加强党员发展教育管理、抓好问题整改为重点，坚持思想整顿与组织调整相结合，上级党组织帮助整顿与提高党组织解决自身问题的能力相结合。主要有五个方面的内容。

王支书：哪五个方面的内容呢？

刘主任：第一是完善村级组织设置。对应建立未建立党组织的行政村，要抓紧落实建立党组织的条件，及时建立党组织。同时，要严格按规定程序和条件，依法推选产生治安保卫、人民调解、经济管理、公共卫生、计划生育等村委会下属委员会和共青团、妇代会、民兵等村级配套组织。

王支书：建立组织是基础，没有组织也就谈不上什么组织工作了。

刘主任：第二是加强村“两委”班子建设。重点是解决村“两委”班子存在的突出问题。对需要进行组织调整的村党组织班子要重新选配，尤其是要选好党组织书记。为此，要大力实施“回归工程”，认真细致地做好宣传动员工作，主动吸引和鼓励外出务工经商优秀人才回村任职。加大从本村致富能手、专业大户、复退军人、大学生村干部中培养选拔村干部的力度。对本村一时没有合适人选的，要从市、县直部门和乡（镇）选派有基层工作经验、具有一定职务的机关干部到村任党组织书记或第一书记。提倡和鼓励党政机关退休退养、身体健康、熟悉农村工作的老党员、老干部回原籍村任职，帮助抓班子、带队伍、促发展。对于个别村党组织、村干部利用职权贪占截留、公款私用、索拿卡要、弄虚作假、非法占有集体财产，在群众中造成恶劣影响的，要严肃查处，涉嫌犯罪的要移送司法机关处理。

王支书：班子要好，书记是关键，必须要把支部书记队伍建设作为基层组织建设的重点。

刘主任：第三是强化对党员

队伍的教育管理。要结合第二批党的群众路线教育实践活动，采取多种形式，对农村党员进行党的路线方针政策、国家法律法规和科技文化知识等方面的教育培训。对3年不发展党员或党员队伍严重老化的村党支部，要注意发展35岁以下的青年党员入党，不断改善农村党员队伍结构。要加强流动党员管理，进一步完善流出地、流入地双重党组织管理制度、外出党员定期联系汇报制度，使外出流动党员离乡不离党。对于思想退化、作用弱化、宗旨观念淡化的不合格党员，要疏通出口，及时处置，保持党员队伍的纯洁性和先进性。

王支书：对。抓好党员队伍建设，既要把好党员的入口，还得疏通党员的出口；既要搞好在村党员的教育管理，还得加强对流动党员的联系管理。

刘主任：第四是要抓好问题整改。在整顿过程中，要坚持治标与治本相统一，有序推进，切实解决群众关心的热点、难点问题。要注意把整顿与教育相结合，针对性地开展政治理论、民主法制等教育培训，切实解决部分村干部工作方法简单、作风粗暴等突出问题，提高他们的综合素质和工作水平；把整顿与建立后备干部队伍相结合，抓紧建好后备干部人才信息库，重点登记本村优秀致富能手、农民经纪人、农民专业合作组织负责人、复退军人、回乡大中专毕业生、大学生村干部、外出务工经商人员等，为加强农村党组织建设提供高素质人才储备；把整顿与化解矛盾纠纷相结合，要依托村级组织活动场所建立健全党员群众服务中心，广泛开展“说事谈心”“议事恳谈”“要上访找支书”活动，搭建干群思想交流平台，疏通利益表达渠道，加大矛盾纠纷调处力度，广泛开展群众性文化活动，营造和谐融洽的村风民风。

王支书：这个整改要求很有针对性啊！

刘主任：最后一个内容就是要搞好建章立制工作，重点是围绕四个方面加强制度建设。一是要进一步健全完善以民主评议党员、“三会一课”、党员设岗定责等为主要内容的党员教育管理制度；二是要进一步健全完善以村级民主决策议事、民主管理、“四议两公开”工作法为主要内容的村级民主决策机制；三是要进一步健全完善以村级财务监督、村民理财小组和党务、村务公开为主要内容的村级民主监督机制；四是要进一步健全完善以帮扶困难党员和老党员为主要内容的党内激励关怀机制。

王支书：听了您的介绍，我觉得这次集中专项整顿针对性很强、非常全面。我相信，经过这次集中整顿，全省农村党组织工作水平一定会得到全面提升，党组织和党员队伍的作用也一定能够得到更为有效的发挥，从而为顺利搞好换届打下坚实的基础。

延伸阅读

阳泉市郊区李家庄乡汉河沟村地处城市近郊，毗邻307国道和214省道，是阳泉市郊区资源型经济成功转型的示范村。全村总面积4平方公里，现在耕地244亩、农户331户、1358人、党员47人、村民代表26人。村“两委”成员9人，其中支委委员7人。近年来，村党支部书记兼村委主任宋晓文团结带领全村党员干部和群众，依托煤炭产业支撑，抓住政策机遇，使单纯靠资源生存的小山沟迅速走上了产业经济多元发展的成功转型之路，成为新农村建设的排头兵，先后荣获“全国综合治理先进村”“山西省生态文明先进集体”“全省信用文明村”“全省创先争优先进基层党组织”等荣誉称号。2013年，村集体经济收入1500万元，全村农民人均纯收入达到了1.18万元。

“一个好班子带富一方人”。在煤炭经济走俏的时期，村党支部一班人就敏锐地意识到“单纯依靠资源发展的模式不可能长久，转型发展才是根本出路”。为此，村支部坚持一手抓煤炭经济、一手抓产业转型。2008年，为稳定支柱产业，投入2000多万元对原村办煤矿进行技术改造，使村办煤矿年产能由原先的5万吨提升到9万吨，经济收入由300万元提高到1000万元，为集体经济转型积累了资金储备。2010年，面对村办煤矿关闭后集体收入缩减的严峻现实，积极转变思路，通过与邻村合资5000万元创办了阳泉郊区首家小额贷款公司，解决了村办企业融资难的问题，增强了产业转型的活力和后劲。创新经营模式，积极盘活闲置土地，建成2000亩农业种植园区和50亩日光温室蔬菜基地，大力发展“假日经济”，打造集休闲、观光、采摘为一体的农业示范园。积极培育农产品加工企业，进一步延伸产业链条，兴建了年生产2万吨的裕盛源醋厂。借助区位优势，先后投资近6000万元组建大中成安机械施工公司，新建了阳泉市中安石油压裂支撑剂有限公司和景河大酒店。目前，全村年收入2000万元的村办集体企业有5个，安置村民就业300余人，有效地促进了村民大幅增收。村“两委”班子始终坚持“集体的事由村民说了算”，注重维护村民的参与权、知情权和监督权，凡涉及村民重大事务都要经“四议两公开”工作法进行民主决策。2014年，村里计划继续依托国道307复线的地理优势，兴建以加油站、加气站、物流中心为主导的产业经济带，着力打造融商贸、交通、物流、餐饮为一体的综合性经济实体。

“让村民共享经济发展成果，过上和城里人一样的生活”是村党支部发展经济、谋求转型的最大追求。近年来，村里加大投入，积极改善民生，使村民的生活质量大幅提升，基本实现了“住有所居、学有所教、病有所医、老有所养、乐有去处”的目标。村里投资200余万元硬化了长2.1公里的标准化通村公路，解决了群众出行难的问题；投资8000万元，新建50栋“小二楼”和9栋住宅楼，按新旧房1比1的标准置换给村民，并每户补助2万元装修费；新建村级幼儿园，购置了学生专车，对上大学和中专的村民子女每年补助1000元至3000元；为全体村民办理大病医疗保险，新建了设施完善的村级卫生所，让老百姓小病不出村、大病不愁钱；累计投资3000多万元，连续9年为30周岁到55周岁的村民办理社会养老保险，60岁以上的村民每月至少可领到800元的养老金；

投资300多万元，建成了设施一流、服务周到的高标准敬老院；投资1000余万元，建设1.2万平方米的村文化广场和村文化活动中心，丰富了群众的文化生活。

“转型推动民富村强，发展促进和谐幸福”。汉河沟村在村党支部的带领下，正谱写着一篇建设社会主义新农村的优美华章。

第四章·谈一谈山西省近几年的惠农政策

一、“一村一品”促进农民持续增收

王支书：刘主任，我们村定了个发展蔬菜大棚的“一村一品”规划，从身边的情况看，大家对发展“一村一品”的热情还是很高的。不过，部分老乡也有疑虑，最大的担心还是这个政策能不能长期延续，因为以前已经有过政策来了一哄而上，最后不了了之的教训了。

刘主任：王支书啊，发展“一村一品、一县一业”，是省委、省政府立足于山西省特有的农产品资源禀赋，科学决策确定的一项重大战略。山西农业虽小而优、虽弱而特，有许多独特的优势，只有把这种优势建立在“一村一品、一县一业”上，推动规模化和产业化，才能创造出更大的价值。“一村一品、一县一业”在2011年1月作为一项新战略已写入《政府工作报告》和“十二五”规划了。所以说，这绝不是一哄而上、一哄而下的事情。

王支书：哦。靠传统的种地，我们全家一年的收入还不到4万元，听县里的农业技术员说，建起蔬菜大棚后，收入会一年比一年高，年收入可翻好几倍嘞……“一村一品”真有这么神？

刘主任：“一村一品”发源于日本，而且其经验已经为世界各地所效仿，比如说，美国洛杉矶规定了“一村一品”节、印尼推出了“东爪哇一村一品”标记的咖啡等。我国许多省份也是如此。陕西、山东等地发展“一村一品、一县一业”的力度就很大，而且效果也很明显。“一村一品、一县一业”的可行性已经被国内外的诸多实践证明。山西省具有发展“一村一品”的现实基础，全省地形复杂，山区、丘陵占总面积的2/3以上，海拔高低相差1000余米。从地理上看，全省南北跨了7个纬度，气候差异大，农业资源丰富，有很好的发展基础。目前，省里已经规划了雁门关、太行山、吕梁山、晋中盆地和晋南盆地五大特色农业板块，通过推进“一村一品、一县一业”，培育形成一批产业带和产业区，最终把山西省建设成全国重要的特色农产品生产基地。

小贴士

农村是否能够形成自己的支柱产业，对山西省提出的“十二五”农民收入翻番目标意义重大。“一村一品、一县一业”，将是山西省未来很长一段时期的“三农”工作重点。“一村一品、一县一业”对农村经济发展的作用已经被诸多国内外实践证明。选择这个已有的成熟模式为己所用，是一种务实的态度，也可以少走很多弯路。为做好全省“一村一品”专业村项目建设工作，省委、省政府出台了《关于加快发展“一村一品”“一县一业”的实施意见》，省财政每年投入3亿元用于“一村一品、一县一业”建设。2013年“一村一品”投入1.6

亿元，每个村7万~15万元。“一县一业”投入1.4亿元，每个县200万~500万元，每个项目50万~200万元。到“十二五”末，全省建设1万个“一村一品”专业村、60个“一县一业”基地县。

“一村一品”专业村项目申报要与本村主导产业或产品相对应，村主导产业或产品总收入要占全村农户家庭经营总收入的30%以上，从事主导产业或产品生产经营活动的农户要占全村总户数的30%以上。

王支书：全省的发展规划很宏大，可咱老百姓更关心的是，具体到一个村，如何谋划自己的主导产业？总不能拍脑门想发展啥就发展点啥吧？

刘主任：这个当然。发展“一村一品”的主要目标是要形成具有本地特色、打上本地烙印的产品，最终形成特色突出的主导产业。具体来说，每个村根据自身的特点，找准市场需要的，不要盲目进行生产。在技术学习与推广上，要充分利用好已有的技术资源，而且要培养本村的人才，形成科学合理的分工。要建立农民组织，形成统一的、规范的、标准化的农业产业化链条。再有就是要有自己的品牌，实现品牌收益。你们村选蔬菜大棚作为“一村一品”的落脚点，这就是基于得天独厚的地域优势。更具意义的是作为县里大棚蔬菜发展的先行者，你们村带动和引领了全县蔬菜种植产业的蓬勃发展，这个选得好。

王支书：听您这么说，“一村一品”政策我坚决支持！但我对蔬菜大棚还是有疑虑的，电视上经常报道菜价波动较大，我也听说了一些菜农已经对发展设施蔬菜产生了动摇。

刘主任：这一点需要重新认识，山西发展设施蔬菜的潜力还是很大的。目前，全省冬春菜年产量自给率仅为50%左右。山西省现在有个“设施蔬菜百万棚行动计划”，主要是解决冬春菜供给严重不足的问题。如果这一工程顺利实施，到“十二五”末全省冬春菜就可以基本实现自给。也可以说，山西省发展设施蔬菜目前是一个刚性需求。

王支书：刚性需求？那为什么还有菜难卖的新闻？

刘主任：蔬菜价格波动不只受到供给制约，还有信息不畅、交易费用高等因素影响。近几年，菜价保持高位运行，蔬菜产量有较大提高。而且部分蔬菜茬口安排不合理，特别是全国各地的叶菜类蔬菜大批量集中上市，因此短期出现了滞销，还有就是汽油价格、城市蔬菜市场管理费用上涨也影响了客商的积极性，间接地影响了菜农的利益。

王支书：那这个事情有没有办法解决？

刘主任：针对菜价波动，政府一直在努力做工作。主要在减少流通环节、促成产销对接上做文章。山西省还尝试用蔬菜风险基金的办法，在价格波动时对菜农进行生产风险补助，保证蔬菜产业健康发展。

王支书：看来这“一村一品”还是一个大的系统工程，涉及政府的各个部门。

刘主任：是的，政府的各部门必须要形成合力。“一村一品、一县一业”需要抓好经营形式创新、基础设施建设、科技支撑、品牌打造、市场营销等关键措施，需要加大财政扶持、金融扶持和社会融资力度，这些措施仅靠农业部门一家落实不了，还需要相关部门的密切协作。

王支书：那我就放心了，放开手脚干吧。建大棚前期费用也不少，政府有没有什么扶持措施呢？

刘主任：“设施蔬菜百万棚行动计划”鼓励金融机构支持设施蔬菜生产发展，缓解农户、企业、合作社资金压力。这个计划对新建日光温室的蔬菜生产农户、企业、农民合作社当年申请的专项贷款予以贴息，贷款贴息期限为1年。

王支书：贷款和贴息只能用于蔬菜大棚生产吧，怎么个补贴法？

刘主任：是的。申请贷款，每亩最多按5万元贷款额贴息，不足5万元实计，贴息额度按一年期贷款基准利率上浮10%算。

王支书：好政策还得好宣传。给农民讲理需要通俗易懂，选好引导方式，群众才容易接受嘛。

二、农业综合补贴推动“菜篮子”建设

刘主任：种地的收入在您的家庭收入中能占多少？

王支书：我家的主要收入就是种地和养殖。家里有12亩小麦、3亩玉米。除了这些，还有些果树、叶菜。然后就是鸡啊羊的，整天侍弄这些。以前儿子在外打工，不过现在回来帮忙种地，捎带和别人合伙搞食用菌种植。

刘主任：儿子放弃打工回来种地？这听起来有些意外，年轻人还是喜欢“外面的世界”啊。

王支书：孩子高中毕业，嚷着要出去见识一下，结果在外打工受苦不说，工钱还常常拖欠。前两年那个厂子倒闭后，孩子就彻底回了家，这两年在家帮忙种地，因为有粮食补贴，收入也不差，儿子稳住了，一门心思谋种田。

刘主任：是的，从2004年开始，为进一步促进粮食生产、提高粮食综合生产能力、调动农民种粮积极性和增加农民收入，国家对农民实行粮食补贴。粮食补贴其实是个笼统的说法，它包括粮食直补、农资综合补贴和农作物良种补贴三种。

王支书：原来这里面有这么大的学问。我家的小麦、玉米一年能拿到1000多块钱的补贴，是家里收入的一部分。不过，我还是建

议适当提高补贴额度，咱农民种地不容易。

刘主任：补贴标准是政府综合考虑影响农民种粮成本、收益等变化因素，以保证农民种粮收益的相对稳定制定的。不过您说得对，近两年的补贴额度一直在上调。2013年山西省的粮食补贴标准为小麦每亩95元、玉米每亩70元、杂粮每亩80元、薯类每亩60元。而且要求补贴资金及时足额到户。

王支书：只要咱农民勤快一些，种地也有大收入。

刘主任：有这个信心就对了，只要你种地种出名堂，规模化了，成了种粮大户，政府对种粮大户还有一次性奖补措施。

王支书：种粮大户？一次性奖补？赶紧说说。

刘主任：一次性奖补是要满足三个条件的。一是稳定从事粮食生产的农民，二是面积100亩以上（不计复播），三是承包或租种耕地两年以上并签有书面有效承包合同的种粮大户。省政府专门从粮食风险基金中安排出1亿元，对种粮大户给予奖补。山西省阳曲

县高村乡北社村的农民张立新，2012年就被农业部评为“全国种粮大户”，一年光种粮收入就高达110万元。

王支书：真叫人羡慕！您的这番话让我种地的动力越大了。

刘主任：别着急，粮食补贴只是现有补贴的一部分，畜牧良种补贴、生猪良种补贴、“菜篮子”产品（畜牧）生产补贴、“513”工程扶持、食用菌标准化生产补贴、农民专业合作社示范社奖补、农村劳动力阳光工程培训补贴等农业补贴涵盖了农民的生产活动。可以说，几乎每一项与农业有关的活动，都有可能受到补贴。

小贴士

农产品加工龙头企业“513”工程扶持项目：2010年，山西省从煤炭可持续发展基金中拿出7000万元专项扶持“513”工程项目，从2011年起调整为每年9000万元。对有望成为杂粮、畜禽及中药材、食用菌产业领军企业的加工及生产基地建设项目，省级投资额度控制在500万元（含）以下，对一般农产品加工及生产基地建设项目的扶持额度控制在100万元（含）以下。

王支书：这些都是好政策，请重点介绍一下。

刘主任：先说畜牧良种补贴，也就是奶牛、肉牛良种补贴，全省范围的奶（肉）牛养殖者，包括养殖场、养殖小区和散养户，按照每头奶（肉）牛每年使用2剂冻精、每剂补贴15元（5元）的标准进行补贴。生猪良种补贴的资金总额为400万元，对全省10万头能繁母猪进行人工授精补贴，按照每头能繁母猪每年使用4份精液，每份精液补贴10元。

王支书：目前家里只养着猪和蛋鸡，等将来资金宽裕一些，再考虑这些。

刘主任：为提高肉、蛋等畜产品综合生产能力和应急供应能力，《全省畜牧业生产及标准化规模养殖发展规划》提出对“菜篮子”产品（畜牧）生产进行补贴。具体标准为生猪出栏5000到5万头、蛋鸡存栏1万到10万只、肉鸡出栏5万到100万只、肉牛出栏100到2000头、肉羊出栏300到3000只；畜牧专业合作社及畜牧企业，肉牛、肉羊补助标准每场25万元，蛋鸡、肉鸡补助标准每场50万元。您现在只是家庭散养，这样的标准肯定达不到，不过这是养殖的一个方向，只有标准化才有大效益。

王支书：听您一席话真是受益匪浅啊。政府对水果生产有什么扶持吗？

刘主任：有个果业提质增效工程，是山西省七大产业振兴翻番工程之一，重点在运城、临汾、晋中等地通过间伐减密为主要措施，改善老果园通风透光条件，提高果品产量，改善果品品质。在临汾西山为重点的水果适宜区，建设新果园100万亩，力争3到5年实现全省水果年总产量突破1000万吨。省级财政安排补助资金4000万元。您儿子不是还种植食用菌吗？您让他可以搞些优质品种种植，省里安排了100万元资金，每个项目补助5万元到10万元不等。

王支书：嗯，食用菌现在规模不大，但收益很不错。

刘主任：食用菌产业是一项集经济效益、生态效益和社会效益于一体的短平快农村经济发展项目。现在人们重视健康，食用菌是营养、保健的绿色食品，符合现代消费增长和农业可持续发展的需要，是农民快速致富的有效途径。

王支书：太好了，争取以后进一步扩大规模。另外，我家的旱薄地按专家教的方法，改变耕作方式进行地膜覆盖，是不是也能享受到补贴？

刘主任：您说的这个是旱作农业技术。地膜覆盖是山西省主推的旱作农业技术，对其补贴有利于旱作农业技术的推广应用。目前，山西省旱地面积约占耕地总面积的79.4%，频繁出现的冬春连旱，对春播作物播种出苗和秋播作物翌年生长的影响日趋严重。山西省为加大对玉米、杂粮等粮食作物地膜覆盖技术的应用力度，提出新增地膜覆盖面积200万亩，每亩补贴30元。

王支书：我知道了。

刘主任：现在村里不是发展蔬菜大棚吗？大棚多了，将来势必要有农民专业合作社。政府为了支持农民专业合作社的发展，对经营规模大、服务能力强、产品质量优、民主管理好的农民合作社示范社（含联合社）给予奖励补助。其中省级重点示范社（含联合社）每家扶持资金8万元左右、省级典型示范社每家扶持资金3万元左右。这些都给你们将来的农业生产指明了方向。

王支书：政府的补贴覆盖范围真是广啊！

刘主任：要实现农村跨越式发展，推进现代农业发展，尤其是保证我们的“菜篮子”既安全又丰富，补贴是必要的，此外很关键的一条还在于大力培养造就一大批懂技术、会经营的新型农民。

王支书：种地不止靠勤快，还得靠技术啊。

刘主任：您说得太对了！为培养一支结构合理、数量充足、素质优良的现代农业劳动者队伍，中央和省级财政还安排资金，开展农村劳动力培训阳光工程。

王支书：农民学知识还有补助？

刘主任：当然。农村劳动力培训以农业职业技能培训、农民创业培训、农业专项技术培训为主要形式，2013年农业部安排10.23万人、补助资金3600万元，省级安排2.15万人、补助资金1540万元。

王支书：真是不得不感叹现在的政策好。有了这么多贴心的补贴，我们发展现代农业就更有信心了。

三、让林业水利扶持成为农民增收的“钱袋子”

王支书：现在国家对生态的要求这么高，到处搞绿化，我们是不是也可以在山上发展些干果种植？

刘主任：您的思路是对的。“十二五”期间，山西省计划发展干果经济林500万亩，推进干果经济林总面积达到1800万亩，最终实现农村常住居民人均一亩干果经济林的目标。这可是一项惠及广大农村群众的基础产业啊，干果经济林的效益涵盖了从采摘、储运、加工、包装到销售等多个环节，可拉动许多产业和劳力，帮助贫困地区脱贫致富，增加财政收入，而且造林的环保生态效益也很可观，最适宜广大山区群众发展。

王支书：那我们该选择种什么？核桃还是红枣？

刘主任：一说起干果，大家都想到红枣、核桃这两样。其实山西省有核桃、红枣、仁用杏、柿子、花椒等五大干果经济林基地。应该说，干果经济林产业在山西省具有发展地域广阔、适应性强、市场需求大、产业链长、受益群体大等特点。

王支书：那就是根据地域不同，主要推广的林种不同吧？

刘主任：是的。目前山西省的干果经济林面积已经超过1500万亩，形成了以太行山、吕梁山、太岳山低山丘陵区为主的核桃基地，以黄河沿岸、汾河中下游沿岸、滹沱河沿岸为主的红枣基地，以晋北地区为主的仁用杏基地，以晋南盆地为主的柿子基地和晋东南花椒基地等。而且省里每年新发展的干果经济林面积超过了100万亩。按照这个发展速度，到“十二五”末期，全省的干果总产量将达到20亿公斤，产值达140亿元，农村居民人均干果收入将增加500元以上。

王支书：500元以上，这可是不少啊。

刘主任：所以有些人将干果经济林称为“农民增收致富的‘铁秆庄稼’”。

王支书：真形象。

刘主任：因为干果经济林具有生态和经济双重效应，它已经成为山西省加快农业产业结构调整、增加农民收入的重要途径之一。2013年山西省还对15万亩干果经济林进行补助，每亩补助标准为200元。

王支书：农民勤种树、政府给补贴，这真是一条发展干果经济林的好路子。

刘主任：补贴方式是多种多样的。在运城市的绛县，林业局除了给苗木种植户免费提供苗木外，还实行新栽一亩补300元，栽多少补多少的优惠政策。

王支书：要不了几年，进入盛果期的时候，这些树苗就成了村民的“摇钱树”了。

小贴士

实施中药材基地种苗等补贴，是指除了干鲜果业基地建设补贴外，山西省还对太行山为重点的道地中药材基地实施种苗等补贴，每亩补助100元，补贴面积20万亩。

刘主任：除此之外，根据财政部发布的《关于2013年度中央财政农业保险保费补贴有关事项的通知》，2013年中央财政森林保险保费补贴区域增加了山西省。关于补贴比例，《通知》明确，种植业保险方面，在省级财政至少补贴25%的基础上，中央财政对中西部地区的补贴比例为40%。森林保险方面，如开展公益林保险，在地方财政至少补贴40%的基础上，中央财政补贴比例为50%。如开展商品林保险，在省级财政至少补贴25%的基础上，中央财政补贴比例为30%。

王支书：在这些惠民政策的保障下，现在的荒山秃岭要变成咱农民取之不尽、用之不竭的“绿色银行”啦。

刘主任：“绿色银行”说得好。山西之长在于煤，山西之短在于水啊。除了说出来的这些效益，干果经济林对地下水的存蓄也有帮助。

王支书：是啊，山西是十年九旱。有点水也得节约使用、高效率使用，不敢浪费。还得匀着点儿用，给子孙后代留一点儿。

刘主任：您这话可说到点子上了。所以说水利建设对咱山西来说尤其重要。我们省水利建设的思路是顺“水”而为、量“水”而行。省里还提出“兴水战略”，就是要从根本上解决缺水的问题。这几年水利上的亮点很多，其中的“大水网”建设，无疑是个大手笔、大决策、大工程，“大水网”建成后，咱们省的供水结构将实现由地下水为主到地表水为主的根本性转变，功在当代，利在千秋。

王支书：听电视上说过，就是把蓄起来、拦起来、提上来的地表水、黄河水送到最缺水的地方吧？

刘主任：说得很贴切。“大水网”是以黄河北干流和汾河两条天然河道为主线（两纵），以十大骨干供水工程为骨架，通过连通工程建设，将黄河、汾河、沁河、桑干河、滹沱河、漳河这六条河流相连通，形成“两纵十横、六河连通，纵贯南北、横跨东西”的山西“大水网”，以此保障全省供水的基本需求。“大水网”供水区面积11.3万平方公里，占全省总面积的72.4%，覆盖全省11个中心城市，92个县（市、区）。供水区受益人口3006万，占全省总人口的84.1%。

王支书：“大水网”全部完成后，现在的“水瓶颈”也就会成为将来的“水支撑”。可这么庞大的工程肯定会费不少钱，会不会以后水费很贵，咱老百姓用不起呢？

刘主任：“大水网”建设具有前瞻性、系统性的特点，省里正研究有利于节约用水和水资源优化配置的“大水网”水价调节机制。而且咱们省为了给老百姓减负，现在有个灌溉电价水价补贴政策，你们可以关注一下。

王支书：以前的确存在农民舍不得用水的情况，因为水价太高，有的甚至不对农田进行灌溉。

刘主任：2009年，山西省出台了《山西省大中型泵站灌溉电价水价补贴管理办法》，当年10月 1 日起，全省使用地表水灌溉的大中型泵站灌区电价统一执行每度0.06元的标准，同时降低灌溉水价，灌区灌溉计费水价不得超过每吨0.25元，超出0.25元的部分由省财政予以补贴。

王支书：我记得以前的水价是每吨差不多7毛钱，降了很多。

刘主任：这个变化还是很明显的。水价电价补贴前，很多农民都舍不得用水，也不愿意交水费。补贴降低了水利用成本，同时带动了水价的降低，农民积极灌溉，大大提高了农业综合生产能力。这两年，灌溉面积不断增加，粮食产量随之增加，年年都创新高。

王支书：水电补贴可是给咱农民办了一件大好事。我承包的这些地就坚持浇水，收成挺好的。

刘主任：电价水价补贴政策的出台，大大促进了农民使用地表水灌溉的积极性。以运城市为例，现在的用水结构明显好转，地下水位也开始回升了。

王支书：干啥事都要因地制宜，从实际出发。这些补贴政策非常务实，花一分钱就能见到一分钱的效果。

刘主任：除此之外，为解决山老区农业产业化的瓶颈制约，2012年，“一村一井”工程被列为山西省委、省政府的强农惠农富农工程、促进农民收入翻番的基础性工程，省财政每年安排山老区“一村一井”工程省级专项补助资金1.5亿元，推进山老区“一村一井”工程建设。在提供生活饮水水源的同时，还为农田提供灌溉水源，为山老区发展设施农业、实现农民收入翻番打下了坚实的基础。

王支书：这些政府出台的林业水利政策都特别贴心，深受群众拥护。

小贴士

为减轻农民负担，促进农业增产、农民增收，合理利用和节约保护地下水资源，考虑到农村机井灌溉用水困难、水价成本偏高等原因，山西省还决定对农业灌溉机井水价给予补贴。

享受水价补贴政策的灌溉机井须取得取水许可或是登记在册的机井，具体补贴范围如下：

（1）地表水灌溉工程供水范围以外及地表水尚未到达、地下水尚未超采区域的机井灌溉用水；

（2）地下水相对富裕地区的机井灌溉用水；

（3）特殊干旱年份时的机井灌溉用水。

为严格控制开采地下水，对地表水工程供水已到达区域内的机井灌溉用水不予补贴。

标准为每立方米灌溉用水补贴0.1元。每亩年补贴水量按照200立方米计算，每亩年补贴金额20元。

四、新农合为农民健康撑起保护伞

王支书：虽然目前农村发生了巨大变化，咱老百姓吃饱了、穿暖了，农村环境也改善了，家里的粮食也多了，但大家伙儿手头的钱还不是很宽裕啊。

刘主任：是啊，农村现在的确存在一些问题，中央有三句话，第一句是“农业基础仍然薄弱，最需要加强”；第二句是“农村发展仍然落后，最需要扶持”；第三句是“农民增收仍然困难，最需要加快”。所以现在出台了很多强农惠农富农政策。

王支书：中央说得对，问题抓得真准！比如说城里和村里的差距还是比较大，孩子上大学的费用让农村家庭有点吃不消，农民还是担心得病……这些问题直接影响着老百姓生活水平的提高啊！

刘主任：这几年看病，都有新农合报销吧？

王支书：嗯，小病这些都没问题，但碰上大病，花钱多，剩下的没报销的那部分数目也不少，老百姓们还是病不起啊。

刘主任：我们讲的新型农村合作医疗制度，实际上是党和政府高度关注“三农”问题采取的措施之一。目的就是要缓解人民群众看病难、看病贵的问题。从2003年至今，山西省实施新型农村合作医疗制度已经10个年头了，从试点探索到全面覆盖，参合人数从2003年的200余万人到现在的2000多万人，基本实现农村居民的应保尽保。从效果上来看，广大农民病有所医的愿望初步实现，因病致贫、因病返贫和“小病拖、大病扛”的状况也得到了明显的改善。

王支书：老百姓普遍对新农合的反映还是很好的。

刘主任：实施新农合制度，说白了就是要用好农民的“血汗钱”和“保命钱”。作为世界上覆盖人口最多的基本医疗保障制度，新农合每年都在发展创新，广大农民的参合意识也在不断增强。在筹资水平上，2003年人均30元，现在已经提高到人均390元。参合农民的住院补偿比例也从2003年的20%上升到2013年的53%。其中，在省、市、县级医院和乡（镇）卫生院住院实际报销比例分别达44%、49%、62%和76%，补偿范围从最初的只保住院到目前的住院门诊统筹兼顾，重大疾病的保障水平已提高到70%以上，新农合年度最高支付限额从

1万元提高到15万元。

王支书：参加新农合，患病农民是真正得到了实惠，但这是不是对没有住院、患小病的参合农民有一点不公平？

刘主任：原来的确是只有住院才能报销，但从2011年起，参合农民看病门诊费能按比例得到补偿，这得益于山西省推行的新农合门诊、住院双统筹补偿模式。所以没有必要一定要为了报销去住院。这个不公平并不存在。

王支书：由此可见，一项制度从出台到完善很不容易。各级政府时时处处在为咱农民的健康着想。

刘主任：山西省推行新农合政策的10年间，各级政府千方百计把新农合的政策落实到位，从对新农合的宣传到组织实施、从对医院用药的监管到为农民报销医疗费用，想方设法为农民看好病、服好务，可以说新农合为广大农民撑起了一把健康保护伞。

王支书：是党和政府的好政策温暖了咱老百姓的心！

刘主任：但随着医药费逐年上涨，大病患者住院经济负担仍较重。为此，山西省在2011年对儿童先天性心脏病和白血病等重大疾病提高保障水平，实行按病种定额付费，新农合补偿70%，民政医疗救助20%。2012年，新增终末期肾病、重性精神病和妇女宫颈癌、乳腺癌4种疾病；2013年，病种扩大到了20种；2014年，将扩大到22种，而且全省实现全面覆盖。

小贴士

纳入新农合大病统筹的22种重大疾病：儿童先天性心脏病、儿童急性白血病、终末期肾病、妇女乳腺癌、宫颈癌、重性精神病、艾滋病机会性感染、耐多药肺结核、肺癌、食道癌、胃癌、结肠癌、直肠癌、慢性粒细胞白血病、急性心肌梗死、脑梗死、血友病、I型糖尿病、甲亢、唇腭裂、儿童苯丙酮尿症、儿童尿道下裂。

王支书：基本上常见的病都考虑到了。

刘主任：为方便患者住院费用的报销，2012年山西省的部分新农合省级定点医院开通即时结报，2013年又有部分省级医院与地方达成直补协议，新农合异地直补范围进一步扩大。相信在不久以后，新农合在所有定点医院都能实现即时结报。

王支书：这个太方便了，那如果在省城看病了，新农合能即时报销吗?

刘主任：您说的这个属于异地报销的情况。2013年之前，新农合已经推行市域内定点医院就医即时即报。2014年，山西省财政厅、省卫计委联合出台了《关于实施新型农村合作医疗省级医院就医即时结算办法的通知》，全面实施省级定点医院就医即时结算工作，参合患者在省内异地就医直补将全面实现。

王支书：政策都是一步一步尝试，逐步完善的。

刘主任：尽管如此，我们的卫生事业发展与经济社会发展水平、与人民健康需求不相适应的矛盾依然十分突出。为有效避免和减少“家庭灾难性医疗支出”导致的农民因病致贫返贫问题发生，有一些地方政府尝试为新农合参合农民购买大病商业保险，实施二次补偿。

王支书：二次补偿？

刘主任：是的。以太原市万柏林区为例。万柏林区以解决参合农民因病致贫、因病返贫问题为出发点，2013年区政府全额出资100万元，为全区8万余名参合农民购买大病商业保险，为该区参合农民建立起“以新农合医疗报销为基础、以大病商业保险为补充、以民政医疗救助为保底”的多层次医疗保障体系。

王支书：这就是传说中的多重保险吧？要是能扩大到咱这里就好了。

刘主任：保障对象在统筹年度内发生的医疗费用，经新农合按规定支付后，累计超过城乡居民大病保险起付标准以上至最高支付限额以内合规的个人自负医疗费用，由大病保险资金按规定支付。起付标准暂定为1万元、最高支付限额为40万元。住院医疗费由城乡居民大病保险资金按规定支付后，合规的个人自付超过5万元以上部分，再按50%的比例给予支付。另外，山西省还出台了《山西省建立和完善城乡居民大病保险工作实施方案》，根据《方案》总体目标，到2014年，城乡居民大病保险将在全省全面推开，全省城乡居民将人人享有大病保障。

小贴士

凡居住在辖区内的农村居民，以家庭为单位自愿参加新型农村合作医疗。鼓励乡镇企业职工和外出打工、经商、上学的农村居民参加新型农村合作医疗，具体办法由县级人民政府制定。

参加新型农村合作医疗的农村居民均享有以下权利：获得新型农村合作医疗制度规定的基本医疗、预防保健、健康检查、健康教育等服务；按规定报销一定比例的医药费用；对新型合作医疗的管理和服务提出批评与建议；监督合作医疗资金的使用和管理情况。

参加新型农村合作医疗的农村居民应履行以下义务：遵守和维护当地农村合作医疗的章程和有关规定；按时足额缴纳合作医疗资金；积极配合医疗卫生单位做好各项预防保健工作；对违反新型农村合作医疗制度规定的行为进行举报或投诉。

五、农机补贴与农民越“贴”越近

王支书：2014年春播还没到来，我发现最近到县里农机店看机具的人明显多了起来。

刘主任：人勤春来早、实干正当时嘛。随着近几年农机购置补贴的连续实施，农业机械下地作业越来越受到农民的欢迎。

王支书：和人力比起来，农机效率高、易操作。不过看看农机具上标的价格，还是有些吃不消哇。

刘主任：的确，机械化抢了农时，延长了庄稼的生长期，最重要的是促进了粮食增产。农民在购买农机具时，最终并不是按照标价进行交易，政府对这个是有补贴的。2013年，山西省在全省推行“全价购机、县级结算、直补到卡”的农机购置补贴新模式，给老百姓带来了明明白白的实惠。

王支书：过去购买农机具补贴多少、直接优惠多少？全价购机补贴又是怎么回事？

刘主任：以往的模式可以用“差价购机、资金留省、财政结算”来概括。我来举个例子说明吧。比如购买1台1万元的农机具，按照过去的补贴模式，补贴额度30%左右，农民需支付7000元，补贴款3000元经过审核直接拨付给经销商。而现在农民需要付全价即1万元购机，通过审批后，30%的补贴款将直接打入农民个人账户，得到多少补贴，农民一目了然。

王支书：明白了，变化是补贴资金由兑付企业改为兑付农民，补贴从“暗”变“明”。

刘主任：您总结得完全正确。以往，农民差价购买农机后，补贴款通过审批由财政向农机经销企业支付，并不经过农民之手。这样带来的弊端是，补贴的去向农民不清楚，甚至有些农民根本没感觉到补贴的存在。新模式就是切断了农机管理部门与农机产销企业的利益关联，促使农机管理部门更加公平公正地服务于购机农户和农机产销企业，确保补贴资金的使用安全，农民得实惠的感受也更为明显。而且，新模式还可以有效遏制农机价格虚高现象，实行农民全价购机以后，农民购机时更多地进行货比三家、择优购买，而经销商也为遵循市场规律优质优价提供补贴产品，减少了以往部分生产企业和经销商借补贴之机抬高售价、恶意骗取高额补贴的现象。

王支书：购机补贴操作程序是怎么样的？

刘主任：2013年的基本程序是申请购机（领确认书）—购机（人机合一、领发票、补贴申请表）—机具核实（见人、见机、见票）—申请补贴（窗口受理）—公示—汇总报县财政—财政直打入卡。

王支书：政策想得是很周到，不过给咱老百姓还是有些价格高了的感觉。

刘主任：实际上农机价格并没有上涨，只是因为全价购机造成的错觉。而且针对单价较高的农机具，山西省部分市县试行了农机购置贷款业务，缓解全价购机给农民带来的短期资金压力。

王支书：买什么农机可以贷款？有什么程序？

刘主任：农户购买新农机具可申请该项业务，贷款用于购置大型拖拉机（50马力以上）、联合收割机和其他单机价格在3万元及以上的农机具。贷款额度上限不得超过农机具购置价格的50%。贷款期限原则上为1年以内，但最长不超过2年。

小贴士

购买农机的贷款程序为：农户首先向县农机部门提出申请，县农机部门初审后向县级信用社推荐，由农信社进行风险评估、确定贷款额度等信贷事项。

王支书：也就是说最多可以贷到农机具一半价格的款项吧？

刘主任：是的。贷款后，农民通过财政购置专项补贴资金和农户自营收入来完成还贷。财政拨付的专项补贴资金到达个人账户后，一次性划入农信社用于归还贷款本息。剩余贷款金额则根据农业生产季节性特点分期还款，但至少每半年归还一次本金。贷款利率控制在同期基准利率上浮30%以内。

王支书：已有的农机具做抵押可以申请贷款吗？

刘主任：当然可以。不过贷款抵押的农机具必须在农机部门申领有效牌照、已办理财产保险手续、购置年限在3年以内且农机具成新率达到80%以上。农民所贷款项主要用于补充农业生产经营活动中的部分流动资金。这项贷款期限最长1年，执行分期还款或按月结息，到期一次性还本。

王支书：购买新农机具有补贴，不过旧机器淘汰了还是怪可惜的。

刘主任：告诉您个好消息。你能想到的，政策提前都给你想到了。山西省采用的是农机报废更新补贴与农机购置补贴相衔接的方式，对农民自愿报废老旧农机且购买新农机的给予适当补助。报废旧农机的农机户优先获得新农机的申请补贴资格。农机报废更新补贴额按报废拖拉机、联合收割机的机型和类别确定，补贴标准在500元到1.8万元之间。根据中央财政安排资金规模额度。农机报废更新补贴额将与农机购置补贴额同步审批，同时兑付到购机户的银行卡中。

王支书：钱还是直接打入自己的卡内踏实啊。

刘主任：还有呢，2013年，省财政还拿出专项资金1000万元，对拖拉机、联合收割机安全技术检验和交强险费用实施补助。

王支书：保险费用也有补助?

刘主任：按照规定，利用检测设备对拖拉机、联合收割机检验每车次收费45元，人工检验减半收费；拖拉机、联合收割机每车次应该缴纳强制保险90元。

王支书：怎么补?

刘主任：凡利用检测设备检验合格的拖拉机、联合收割机，给予机主检验费补助40元（手扶拖拉机补助36元）；实行人工检验合格的拖拉机、联合收割机，给予机主检验费补助20元（手扶拖拉机补助18元）；经检测设备或人工检验合格的拖拉机（含手扶拖拉机）、联合收割机，凡提交交强险凭证的，每台保费补助40元。

王支书：要不是政府农机具补贴的惠农政策好，咱老百姓上哪儿得这些实惠呀！补贴与咱农民的心是越贴越近了。

小贴士

山西省2013年农机购置补贴机具范围为12大类98个品目9000多个产品，基本覆盖了农业生产各个领域。

实行同类、同档统一定额补贴。按山西省近三年该产品市场平均销售价格不高于30%比例测算，单机补贴限额不超过5万元。

为鼓励大型农业机械和复式作业机械的发展，山西省对100马力以上大型拖拉机、高性能青饲料收获机、大型免耕播种机、挤奶机械、大型联合收割机、烘干机单机补贴限额提高为12万元；200马力以上拖拉机单机补贴限额提高为25万元。

六、农村低保给贫困农民带来福音

王支书：我们村2012年建起了老年人日间照料中心，那里真是一个好地方。

刘主任：哦，老年人日间照料中心算是个新事物，你们村也有了？

王支书：嗯，去那里的人还挺多。村里六七十岁的老人本来就不少，以前相互走动不多，闷得很，现在有了日间照料中心，跟老伙计聊聊天、下下棋，工作人员都像儿女一样细心照顾，身体不舒服时还有人给检查，再也不感到孤独了。

刘主任：的确是这样。中国养儿防老的传统模式已渐行渐远，现在的许多农村一个最为明显的现象就是“小老人”照顾“大老人”，他们的精神需求得不到关爱。日间照料中心作为社会管理创新的一项举措，为村里的老人尤其是孤单的空巢老人送去温暖，也为忙于工作、无暇照料老人的子女们解决了后顾之忧。2013年到2015年，全省每年要新建1000个农村老年人日间照料中心，努力完成3000个建设任务，使全省农村大约10万名空巢、高龄老人受益。政府对每个农村老年人日间照料中心还补助维修改造资金10万元。

王支书：说实话，我觉得老年人日间照料中心是很受村民欢迎的，尤其是贫困户。

刘主任：村里贫困户多吗？享受低保的有多少？

王支书：享受低保的主要是些上了年龄、没有多少收入的老年人。低保制度对贫困户的帮助还是挺大的。

刘主任：山西省农村低保于1997年开始试点，2006年在全省普遍推开。到2013年底，全省共有农村低保对象149.8万人、农村五保供养对象16.5万人。农村最低生活保障补助资金根据各市（县）农村低保人数、财政困难程度、市县努力程度和资金结余情况等因素进行分配。2012年，山西省农村低保标准提高了22元，农村五保集中供养和分散供养省级补助标准分别提高500元和100元，城乡低保资金社会化发放率达到了100%。2013年，山西省农村低保标准又提高了24元。

王支书：政府对民生的投入可真不少啊！

刘主任：而且到现在，山西省的农村低保已经实现了动态管理下的应保尽保。

王支书：什么是动态管理？吃低保不是终身制？

刘主任：对，申请加入低保后，并不是终身受益。参保人必须定期报告家庭经济状况变化。各级政府通过实行最低生活保障家庭人口、收入和财产状况定期报告，完善低保对象退出制度。相关部门对低保家庭人口及经济状况变化情况定期进行分类复核，并根据复核情况及时报请民政部门停发、减发或增发补助金。具体复核时间为，对年收入基本无变化的低保家庭，每年复核一次；短期内收入变化不大的低保家庭，每半年复核一次；收入来源不固定、有劳动能力和劳动条件的低保家庭，每季度复核一次。

小贴士

按照规定，认定低保对象的三个基本条件是户籍状况、家庭收入和家庭财产。各级政府将建立跨部门、多层次、信息共享的救助申请家庭经济状况核对机制。接受申请的具体部门，必须对申请家庭逐一入户调查，详细核查申请材料以及各项声明事项的真实性和完整性，并由调查人员和申请人签字确认。评议审批后，入户调查、民主评议和审核结果等内容必须经过公示程序。

王支书：制度严密一些，这样就能保证救助资金真正用到最需要的困难群众身上了。

刘主任：但低保制度监管机制还需要改进，一些地方不同程度存在监管机制不到位、责任追究不严格等问题，骗保、漏保、关系保、人情保等问题时有发生；低保工作力量、经费、手段与任务要求不相匹配。

王支书：听到人情保、关系保、骗保的事真是让人生气。

刘主任：所以政府对于人情保、关系保的态度是零容忍，发现一起，查处一起，绝不姑息。还有，对出具虚假证明材料骗取最低生活保障待遇的人员，还要受到三重惩罚：全额追回骗取的保金，依法给予行政处罚，其信息将记入个人诚信系统。

王支书：就应该严惩这些不怀好意的人。

刘主任：骗取保金不仅领取者受罚，在审核审批过程中滥用职权、失职渎职的工作人员，也会被依纪依法追究责任。

王支书：听说低保家庭的大学毕业生还有求职补贴？

刘主任：情况是这样的，山西省2013年共有高校毕业生18.1万人，创了历年新高，占当年城镇新成长劳动力总量的一半以上。困难家庭的高校毕业生一直是政府就业援助的重点对象，他们能否顺利就业，直接关系到一个家庭的脱贫。为此，山西省出台了《关于做好2013年普通高等学校毕业生就业工作的实施意见》，对享受城乡低保家庭的应届毕业生给予每人1000元的求职补贴。

王支书：怪不得新闻上说2013年是“史上最难就业季”。

刘主任：是的，高校毕业生就业压力持续加大，招聘单位数量和提供的就业岗位数量与往年相比都有所下降。这个补贴政策出台在一定程度上缓解了低保家庭的应届毕业生的经济压力。

王支书：学生们很不容易，有了补贴起码能稳定一下情绪，安心找工作去。

刘主任：从2012年7月1日起，山西省还实行对城乡“低保户”和农村“五保户”每户每月给15度的免费电量，其免费电量对应的电费按照山西省居民阶梯电价的第一档电价标准计算，每月每户免电量电费标准为7.16元。

王支书：看来，关心咱老百姓的可不止民政部门一家啊。

刘主任：是的。2011年太原市就规定，如果连续3个月物价指数涨幅达到或超过5%，即启动物价上涨与困难家庭临时生活补贴联动机制。启动当月，市财政将向全市在册的城乡低保家庭（含农村“五保户”），一次性从市价格调控基金中补发前3个月的临时生活补贴，之后按月计算，物价指数涨幅达到或超过5%的月份，就会发放临时生活补贴。但如果出现物价指数涨幅连续3个月回落到5%以内，或者全市低保标准调整，这个机制则停止运行。

王支书：补贴联动机制可基本上抵消物价上涨对困难家庭生活带来的影响。由此看来，这“水电气路房，文化教育医疗社保”每一件都是关系咱老百姓，尤其是贫困户的大事啊。

小贴士

最低生活保障金全面实行社会化发放，具体由县级人民政府民政部门、财政部门与代发金融机构共同组织实施。民政部门负责资金测算、制定发放清单，财政部门负责筹集资金、审核发放清单、及时足额划拨资金，代发金融机构负责按照发放清单及时将低保金支付到低保家庭账户。低保金应当按月发放，每月10日前发放到户。金融服务不发达的农村地区，低保金可以按季发放，每季度初10日前发放到户。

七、百企千村产业扶贫奏响了产业富民旋律

刘主任：告诉您一个好消息，县里有一家矿业公司要给你们村投资填沟造地，帮助大家伙儿发展设施农业。

王支书：村干部们听说了，有企业给我们建大棚，我们不需要花一分钱，我已激动了好几宿了。

刘主任：这要感谢省里的百企千村产业扶贫开发工程，在

这股大潮的牵引下，涉农产业已经成为民营资本追逐的热点。

王支书：就是由企业来帮助农村发展产业，带领农民脱贫致富的工程吧？

刘主任：基本正确。山西省有21个县列入国家确定的燕山—太行山和吕梁山连片特困地区，这21个县国土总面积3.85万平方公里、总人口409.9万；按照2300元的新扶贫标准，共有农村贫困人口169万，占该区域总人口的41.2%，占全省农村贫困人口总数的37.4%。其中燕山—太行山片区涉及我省3个市的8个县，分别是大同市的天镇、阳高、广灵、灵丘、浑源、大同县和忻州市的五台、繁峙县；吕梁山片区涉及3个市的13个县，分别是忻州市的静乐、神池、五寨、岢岚县，临汾市的吉县、大宁、隰县、永和、汾西县和吕梁市的兴县、临县、石楼、岚县。为推进“两山”扶贫攻坚工程，山西省启动实施了以“两山”片区为主战场的百企千村产业扶贫开发工程。这个工程，是省委、省政府在2013年7月召开的百企千村产业扶贫开发工程动员大会上提出的。同时还出台了《关于实施百企千村产业扶贫开发工程的指导意见》，支持引导各类社会资本、民营资本、工商资本进入贫困地区，充分发挥企业资本、管理、技术、市场优势和贫困地区土地、劳动力、特色资源优势，通过实施区域化、规模化产业扶贫开发，为农民增收提供产业支撑，为扶贫开发提供新的动力，使企业在“地下”回报“地上”“黑色”反哺“绿色”中开拓新的产业，培植新的增长点，形成企业和农村、工业和农业共生共长，相互促进的全面、协调、可持续发展的新格局。这是山西省扶贫开发方式的重大变革，也是加快转型跨越、全面建成小康社会的重大战略。

王支书：资本进入农业领域就一定会有效果吗？

刘主任：山西发展特色现代农业，最大制约有两个：一是土地流转，没有规模经营，不会有规模化，不会有产业化；二是金融瓶颈，山西等中西部地区多数农户都在借贷生产，农民最大的困扰就是缺乏资金。对山西农村特别是贫困农村来讲，只靠自身努力和国家一定程度的帮扶，没有一定规模的工商资本进入，要脱贫致富十分困难。所以以工补农这个概念要延伸，工业要进入农业，把农业作为工业转型的产业来做，实行市场化、公司化运作。这就是山西省实行百企扶千村的道理所在。一招盘活两盘棋，农业有了资本等要素的集结，工业有了转型方向。可以说，这是“四化”同步推进的山西版。

王支书：这个思路很好，但是在实践操作中，如果出现工商资本有非农倾向，比如流转了土地却用于工业用途，那该怎么办？

小贴士

“百企”是以省属国有企业为主，包括中央驻晋企业、市属国有企业、省内民营骨干企业，以及省外企业在内的各级各类规模以上企业。“千村”是以吕梁山、太行山两大连片特困地区扶贫开发攻坚县为重点，主要对象是贫困人口集中、农民人均纯收入2300元以下的村。据初步测算，未来5年百企将投入1000亿元，累计产值2800亿元。

刘主任：这个思路是有严密的制度设计的。政府对这些企业进入农业的要求很严格：第一是只能进入贫困地区，不能到条件好的地方锦上添花；第二是必须搞规模化，以万亩为单位进行开发；第三是宜林则林、宜果则果、宜农则农、宜生态旅游则生态旅游。如果大企业是给某个县搞个皮革加工厂，围绕煤矿机械搞个胶带厂等，这些项目效益肯定不错，但由于没有跟“农”挂上钩，所以不算数。

在土地流转方面，坚持依法、自愿、有偿原则，引导农户将土地通过出租、入股、转包等形式流转给企业、合作社。已经流转给企业的土地不能再进行交易。所有进入企业都要成立农业开发公司，从农民手中流转土地，切实保护农民的合法权益。举个例子，比如一亩一股，三亩土地就是三股，农民以土地入股，就是股东了。开发公司用货币入股，与农民合作。农民就地成为企业的职工，同时地还是农民的，农民就此获得两份收入，保证不失权、不失地、不失利、不失业。

王支书：工商资本进入农业，这算是跨界经营，怎么来保障双方的权益？

刘主任：这里面有一个基本的逻辑，种什么养什么，要符合市场规律。比如说，现在大量种核桃等经济林，看起来没有种粮，但实际上既可以让农民增收，又因为种核桃可以加工油料，这样就腾出其他种油料作物的地种粮食。所以，适合种粮的地方要大力发展粮食，种粮没有优势的地方可以种其他农作物，客观上为粮食生产做了贡献。

工商资本进入农业以后，核心问题不是怕不种粮，怕的是撂荒，怕的是产值不大。关键是不能用工商资本剥夺农业资本、剥夺农民的土地资产。要相信一条，工商资本进入后，以工经农会比农民经营更适应市场、有更高的产值，还会把先进的经营管理理念顺势导入农业。

小贴士

山西省在实施百企千村产业扶贫开发工程中，出台了一系列扶持政策。比如，在农业产业化方面，企业投资或参与兴办的农产品加工和流通企业达到一定规模的，享受有关的政策支持。在易地搬迁方面，企业通过土地复垦置换出的土地，在满足移民搬迁新村用地后，节余土地可优先用于企业产业扶贫开发项目建设用地及企业其他投资项目建设用地。在农业建设方面，企业治理范围内的“四荒”地可拿出一定比例按照建设用地进行开发。“四荒”地营造的林木，属于商品林的，允许企业依法自主经营；划定为生态公益林的，实行森林生态效益补偿制度。征收或征用企业治理开发的“四荒”地，给予合理补偿。在财税政策方面，企业产业扶贫开发项目所得，可免征、减征企业所得税。企业直接用于农、林、牧、渔等产业扶贫开发项目建设的生产用地，免征城镇土地使用税。企业直接为农业生产服务的生产设施占用规定农用地的，不征收耕地占用税。在金融服务方面，符合条件的企业通过参股村镇银行，发起设立小额贷款公司，为农村经营组织和农户实施产业扶贫开发提供融资服务。从各金融机构取得的贷款，享受特色农产品产业支撑项目贴息政策，对农业高科技项目和产业链关键环节项目，适当提高贴息率。鼓励探索开展林权、大型农机具等抵（质）押贷款业务；探索试点开展土地承包经营权抵（质）押贷款业务。另外，在环保政策、项目审批、人才支持等方面也出台了一系列支持企业发展的政策。还制定了对企业的激励机制。比如，2013年到2015年的3年内，省属国有企业投入产业扶贫开发的资金，在当年的发展业绩考核中视作企业利润等。

王支书：明白了，百企千村扶贫看来是扶贫开发的一个新思路。经过这样大规模的工商资本进入农业，目的就是让咱农民收入增加吧?

刘主任：说简单点，目标就是要实现企业增效和农民增收。通过实施百企千村产业扶贫开发工程，在全省形成一批年度投入产业开发资金亿元以上、开发土地面积万亩以上、带动贫困地区劳动力就业千名以上的大型农业开发公司，实现各类企业多元发展，农民收入大幅增加。到2015年，企业产业扶贫开发带动贫困村2000个以上，区域内农民人均纯收入年均增幅高于全省平均水平。到2020年，企业产业扶贫开发带动贫困村5000个以上，区域内农民年人均收入达到全省平均水平。

王支书：五个手指，长短粗细各不相同，握紧了就是一个坚硬的拳头。工商资本进入农业，这就是“抱团”的意义吧？

小贴士

实施百企千村产业扶贫开发工程，必须牢牢把握产业扶贫这个核心内容。企业到贫困地区就是要搞产业，不是提篮小卖，不是小打小闹，不是给钱、给物、公益捐助，而是以万亩为单位，发展“一村一品、一县一业”，建立农业大产业、大项目，形成规模化的种、养、加、销一体化的产业形态，用工业化的理念推进农业生产经营，用精细化的理念进行过程管理，通过规模经营实现规模效益。

八、两轮“五个全覆盖”让农民幸福感持续提升

刘主任：王支书，您幸福吗？

王支书：呵呵，央视的街头采访啊，这幸福该怎么描述呢？

刘主任：腰缠万贯、生活无忧，或是一个微笑的慰藉？对幸福，每个人都有自己的感受。

王支书：现在不出村就可以接送孙子上幼儿园，不出村就可以磨面碾米，晚上回家不再需要摸黑前行，水泥路通到了家门口，便

民连锁店里要啥有啥，还建起戏台、农家书屋、文化活动房、休闲健身广场，一出家门净是绿树，看病还给报销。如今是衣食住行样样方便，咱老百姓外表光鲜心里美。能不幸福么？

刘主任：所以说，政府实施的两轮农村“五个全覆盖”，实际上是对农民的“幸福全覆盖”。

王支书：咱老百姓心里乐开了花。都念着“十个全覆盖”的好呢！

刘主任：和您一样，省里的2300万农民群众从来没有像这几年这样满足和开心。

王支书：有了这些“全覆盖”，城乡差别缩小了，贫富差距也不至于进一步拉大，和谐农村的构建也就有了指望。

刘主任：这些民生工程的实施，顺应了广大农村居民过上美好生活的新期待。长期以来，城乡二元结构对我们省“三农”发展形成很大制约，尽管改革开放以来，农村经济社会发生了巨大变化，但与城市相比，特别是“老少边穷”地区农村基础设施建设、社会公共事业发展等方面差距还较大，医疗卫生、教育培训与社会保障等难题没有得到有效解决。山西省80%以上的面积为山区丘陵，占全省65%的人口居住在农村。农村建设问题和农民生活问题是建设和谐社会的重要环节。如何持续改善农民生产生活条件，增强农村发展后劲，这对于新时期社会主义新农村建设显得至关重要。

王支书：想想以前，村里通往外面的路坑洼难行，自己种的苹果、杏、梨等农产品也不能尽快、大批量运出去，最后卖不上好价钱，真心酸。

刘主任：群众利益无小事，民生问题大如天啊。“去民之患，如除腹心之疾”，尽快改变这一状况，减小城乡差距，让全省农民尽快踏上增收致富快车道，成为省委、省政府的心头大事。从2009年开始，山西省用4年时间实施完成了两轮农村“五个全覆盖”，已经成为近年来全省影响范围最大、受益人数最多的民生工程。这是山西省倾心倾力改善人民群众生产生活条件，努力让人民群众生活得更有质量、更有保障、更有尊严的最好诠释。

小贴士

两轮农村“五个全覆盖”：2009年的省政府工作报告中提出决心用两年时间，在全省农村实现“五个全覆盖”，即村通水泥(油)路全覆盖、农村安全饮水全覆盖、村级卫生室全覆盖、中小学校舍安全改造全覆盖、村通广播电视全覆盖。之后两年时间里，全省共投资300多亿元，奋力推进这项涉及农村群众的民生工程。2011年，山西省又作出决定，再用两年时间，投入300多亿元，实施农村街巷硬化全覆盖、农村便民连锁商店全覆盖、农村文化体育场所全覆盖、中等职业教育免费全覆盖、新型农村社会养老保险全覆盖。

王支书：村里后来通了水泥路，富裕日子可有奔头了。村民开

的饭店、旅店、商店到处都是，老百姓的日子眼看着一天天红火起来了。

刘主任：农村生产生活条件改善了，村民不再担心水没人挑、病不好看、学不能上，在外打工的也减少了后顾之忧，可以更放心地投入工作。

王支书：怎么说呢，“十个全覆盖”就是人们说的“把好事办好，把实事办实”吧。

刘主任：对。首轮农村的“五个全覆盖”解决的是农民的基本生活需求，公路修通了，就自然想到了农村街巷硬化；生产发展了，流通条件也要跟上去；生活富裕了，健身和文化需求就产生了。这些需求既是民生所需，也是扩大内需的新兴领域。进一步说，在经济发展的同时，更加关注人民群众的精神文明、政治文明、人的素质提升等非物质层面的内容，本身也是科学发展观的题中之义。

王支书：基础条件好了，各地发展“一村一品、一县一业”的办法就更多了，底气更足了。

刘主任：新的“五个全覆盖”工程涉及农村文化、商业、教育、保险等方面，着力让农民生活再上一层楼。很多初中毕业后辍学在家的青年农民重新回到久别的课堂开始免费学习实用技能。

王支书：新的“五个全覆盖” 让咱老百姓的生活更加体面、更有尊严，年轻人也有了新的希望。

刘主任：“全覆盖”意味着要在全省成千上万个农村铺开工

程，各工程按需布局，互不冲突，涉及多行业、多部门，范围广、任务重。为了推进工程建设，各级党委政府主要领导挂帅，各相关职能部门分工合作，定期召开推进会、实行现场办公。在此期间，省委常委和副省长都带队下乡督察过，确保了工程的质量、安全和进度。全省数万名机关干部深入一线，与农民同吃同住同劳动，日夜奋战。

王支书：没有对农民兄弟的深厚感情，想不到要办这样的事；没有让农村彻底变样的决心，办不成这样的大事。

刘主任：是啊，带着对农民朋友的深厚感情，各地广开思路、多措并举，总结出政府补贴、银行贷款、农民自筹、招商引资等多元化的投资方式，一些资源型地区还采取“一矿扶一村、一厂修一路”等以工补农、以煤补农的模式，吸引社会投资，有效缓解资金短缺的问题。经过努力，两轮农村“五个全覆盖”工程如期竣工，不仅改善了百姓的生活，更打开了群众的致富之门。

王支书：两轮农村“五个全覆盖”在老百姓心中树立了政府的新形象。

刘主任：两轮农村“五个全覆盖”让农村居民的幸福指数大大提升了，生产生活条件的改善为农村经济社会健康发展打开了一扇大门，生产发展、生活富裕、生态文明的小康社会建设不再是遥不可及的梦想。两轮农村“五个全覆盖”也成为实现城乡公共服务均等化的幸福品牌。

王支书：相信未来还会有更多的幸福来覆盖，农民增收致富奔小康的路子一定会更广、底气一定会更足。

延伸阅读

在2010年的上海世博会上，来自寿阳县的20万吨“寿绿”牌茴子白，不但让五洲宾朋品尝到了山西省无公害蔬菜的独特清香，也为寿阳县农民带来了人均增加600元以上的收入。

寿阳县有“中国旱地蔬菜之乡”的美誉，生产的蔬菜以低糖多维高钙著称。从20世纪90年代开始，寿阳县委、县政府将蔬菜产业作为全县农民增收的主导产业，致力于蔬菜的标准化种植和无公害生产管理，通过行政推动、市场拉动、典型带动、品牌促进的措施，使全县蔬菜产业的规模进一步扩大、品质进一步提高。2001年，该县的无公害蔬菜成功注册“寿绿”商标；2003年，寿阳县被国家农业部评为29个全国无公害农产品生产先进县之一，通过了中国绿色食品发展中心认证；2005年，“寿绿”蔬菜被商务部、国家环保总局等13个部委确定为全国三绿工程蔬菜十大放心品牌之一；2007年，“寿绿”被山西省工商局认定为省著名商标；2008年，

“寿绿”牌茴子白走上北京奥运会餐桌；2010年，它又成为上海世博会的“特邀嘉宾”。

好质量、好品牌，加上政府的正确扶持和引导，有着17.3万农业人口的寿阳县，有80%的家庭种植蔬菜，蔬菜收入成为当地农民增收的主导产业之一。目前，全县蔬菜种植面积达40多万亩，总产量达8亿公斤，总产值3亿多元，人均蔬菜收入1800元左右。由于农业部门一直利用蔬菜项目资金集中采购口感好、品质高的优质新品种，免费发放到蔬菜重点村，全县蔬菜品种结构合理。

在优惠政策的带动下，寿阳县结合优势农产品基地县建设项目，进一步加大蔬菜基地规模建设，形成了平头、景尚、南燕竹等一批规模化、专业化、商品化的蔬菜生产基地，不仅提高了蔬菜的生产效益，而且增强了对周边地区的辐射带动作用。许多企业家、农民种植专业合作社通过土地流转的方式，利用中央和省里有关蔬菜项目资金和县级财政扶持资金开始兴建设施蔬菜。同时，无公害蔬菜标准化生产示范基地项目、农产品质量安全检验检测站项目的实施也为全县蔬菜的质量和安全发挥了重要作用。

2012年以来，寿阳县强化科技生产力作用，瞄准现代特色农业，为推动现代农业发展多措并举。一是建立农业园区，用现代产业标准提升农业。实施“双万亩”经济林园区工程，建设羊头崖万亩核桃园、丹凤万亩仁用杏园，完成宗艾、南燕竹万亩仁用杏园区建设；突出“一村一品”建设，以建设平头、景尚、南燕竹、西洛高标准设施农业示范园区为依托，新上一批科技含量高的温室大棚。二是用现代经营理念搞活农业。实行“公司+专业合作社+基地+农户”的产业化经营模式，培养农民经纪人队伍，扩大市场经营范围，拓宽农民增收渠道，启动福润冷鲜肉深加工项目建设，实现公司与农户对接，扶持农产品加工产业发展壮大，加快路南乡（镇）开发，促进现代农业发展。三是用现代设施武装农业。继续加大农业基础设施投入力度，抓好农机推广、水利建设、土地整理、保护性耕作、中低产田改造等基础建设，夯实现代农业发展基础。四是用现代科技服务农业。多方筹资确保农业科技投入稳定增长，充分发挥县农业信息服务平台的桥梁纽带作用，做好实用生产技术和技能培训，培养新型农民，提升产业化水平。

正是政府多年来调整产业结构、注重科技培训、培育营销市场和一系列“保姆式”的服务，使得寿阳县的无公害蔬菜、绿色蔬菜、有机蔬菜，能通过北京、上海等大中城市严格的市场准入制度，不但在竞争激烈的全国蔬菜市场上赢得了份额，还登上了北京奥运会、上海世博会的“大雅之堂”，为山西省赢得荣誉，也为当地的蔬菜产业迎来了发展机遇。

结束语

为了让农村基层干部更全面地掌握以习近平同志为总书记的党中央在十八大以来提出的一系列重要精神，更全面地掌握党的十八届三中全会在农业、农村、农民方面的改革思路、改革举措，更全面地掌握党的群众路线教育实践活动的具体要求，更全面地掌握山西省委、省政府推进农业现代化的各项举措，山西省委组织部组织有关人员编写了这本书。

山西省委书记袁纯清对本书的编写非常关注，在筹划阶段就作出重要批示、提出明确要求，书成之后又在百忙之中欣然作序。省委常委、组织部部长汤涛高度重视这项工作，多次召集有关人员商讨编写细节。副省长郭迎光亲自审阅书稿，提出具体指导意见。省委副秘书长、省委农村工作领导组专职副组长张克强和省委组织部副部长陈学东为完成本书倾注了大量心血。省农业厅、水利厅、林业厅、民政厅、住建厅、卫计委、农科院、扶贫办和农机局等部门给予了大力支持。

本书是集体智慧的产物。山西省委组织部的张志刚、崔巍、余国琦、杨波等全程参与了本书的编写工作，在内容编排、审核、统稿等多个方面提出了具体意见。山西省农科院的籍增顺为本书编写提供了大量资料，山西省委党校的崔建周、孙磊、陈彪、张爱权、桑艳军和《山西农民报》的林晓方承担了全书的具体写作工作。山西人民出版社的秦继华、高雷为本书的顺利出版付出了辛勤的劳动。

本书的编写受到了山西省委党校、山西省农科院、山西农民报社、山西人民出版社等单位的协作与帮助，在此表示衷心的感谢。本书还参考、引用了国内众多专家学者的研究成果，但由于篇幅所限，不能一一注明，在此表示深深的歉意。